Gigi Di Mauro

2020: Cronache di una pandemia

a mio nipote Manfredi,

perché da grande possa sapere

quel che abbiamo vissuto prima che nascesse

Finito di stampare nel mese di dicembre 2020

© Luigi Di Mauro – APS Esseinfo 2020-2021
Gigi Di Mauro, *2020: **Cronache di una pandemia***
Prima edizione. Collana *"Storie della storia del mondo"*
Edizioni Esseinfo – copertina di **Luisa Rescigno**

Introduzione

Trovare un'espressione adatta per definire quanto è accaduto in Italia a partire dall'inizio del 2020 non è affatto facile. Tutti, nel nostro Paese, di fronte a quella che inizialmente era stata presentata come "poco più che una normale influenza", sono rimasti disorientati e incapaci di reagire di fronte all'evolversi di una pandemia della quale nulla sapevamo, e men che mai sapevamo come difenderci da essa.

Di questa pandemia ricorderemo non solo i morti: a quelli le cronache ci hanno abituato negli anni. Essa ci rimarrà impressa profondamente, a differenza per esempio dall'Aids che, sebbene abbia causato circa 25 milioni di morti ad oggi, non era in forma pandemica. L'Aids ci ha educato ad essere più prudenti nei rapporti fisici, ma il Covid-19 ci ha sconvolto le esistenze, costringendoci ad una vera e propria detenzione domiciliare il cui ritorno, fino alla creazione e diffusione di un vaccino valido e senza catastrofici effetti collaterali, come abbiamo visto nell'autunno 2020, è divenuto, con più o meno severità di regole negli Stati del mondo, un fatto concreto. Il Covid-19 ha fatto diventare realtà quel telelavoro che sì, era già previsto dagli ordinamenti e dai contratti di varie categorie, ma era relegato a nicchie insignificanti. Ci ha privati di rapporti umani preziosi, separando per quasi tre mesi figli dai genitori, nonni e nipotini, fidanzati tra loro, amici, e finanche colleghi di lavoro. Ha sconvolto le nostre economie bloccando servizi e produzioni e causando un catastrofico calo dei consumi. Ha visto la scuola diventare obtorto collo digitale, senza però che si fosse preparata, nella stragrande maggioranza dei casi, a tale eventualità. In questo lavoro proveremo a fare una panoramica – di tipo giornalistico, una rassegna stampa commentata – di quanto successo in quella che è stata definita la fase1 della pandemia, di cosa ha subito il tessuto sociale e produttivo e di quali potranno essere gli scenari del dopo, con una ovvia premessa: un'analisi dettagliata e scientifica avrebbe richiesto una tuttologia che (per fortuna!) non possediamo. Per questo si è fatto ricorso, in assenza pressocché totale di bibliografia sull'argomento specifico, alla consulenza e a relazioni di esperti del settore, quando non è stato possibile reperire materiale adeguato e attendibile da fonti telematiche e giornalistiche. Anche in altri contesti - vedi quelli che affrontano i cambi del tessuto sociale e nei rapporti interpersonali - si è usata la forma giornalistica dell'intervista, direttamente da noi realizzata o ripresa da altre fonti, ritenendo che il racconto diretto dei protagonisti potesse più appropriatamente rappresentare le emozioni e le situazioni reali.

Cosa potremo leggere in questo lavoro? Dopo una breve introduzione che ripercorrerà quelle che potrebbero essere state le **origini dell'epidemia**, compareremo casistiche di epidemie passate e i numeri della fase 1. Passeremo poi ad analizzare **i motivi per i quali l'economia mondiale ne è uscita sconvolta** nei numeri, e parleremo di crisi economiche del passato per confrontarle, in gravità, con quella iniziata nel 2020. Naturalmente merita spazio in un lavoro di cronaca anche il punto di vista dei **"complottisti"**, che ormai si fa inevitabilmente sentire in occasione di tutti gli eventi che possiamo definire fin d'oggi storici o che siano di cronaca ma particolarmente rilevanti o eclatanti.

Uno dei punti ai quali abbiamo dedicato maggiore attenzione è **l'impatto sulla socialità delle persone**, arrivando a considerare anche, sia pur in maniera marginale, **l'impatto sulla religiosità** dell'epidemia. Con l'aiuto di uno **psichiatra** cercheremo di inquadrare le principali problematiche emerse nelle persone dopo il lockdown, e per avere un quadro ancora più completo ci avvarremo di una figura professionale che se da un lato è stata lavorativamente vittima del lockdown, dal punto di vista umano invece ha sempre rappresentato una sorta di "confidente privilegiata" per i suoi clienti e quindi raccoglitrice di problematiche diverse rispetto a quelle in cui si addentra la professionalità di uno psicologo psicoterapeuta: parliamo di **un'estetista**.

Un altro passo dell'analisi ha riguardato, e non poteva di certo mancare, le sofferenze del **mondo del lavoro** in generale e di quello produttivo in particolare, senza trascurare il boom del **lavoro agile**, ipotizzando anche scenari futuri a suo riguardo.

Non abbiamo, poi, trascurato, **il mondo della scuola**, che prescindendo da realtà già nate come telematiche come alcune università, delle quali pure parleremo, si è impattato con un ostacolo apparso fin da subito difficile, che l'ha costretto a trovare - non senza problemi di sicurezza anche telematica come vedremo - soluzioni che consentissero una forma di continuità didattica. Offriremo una panoramica di quanto vissuto da questo mondo nel trovarsi costretto all'uso della **DAD**, senza ovviamente scendere nel campo della didattica che non si addice a questo contesto.

Infine, il dopo: **come ripartire**, con quali strumenti, in quali scenari economici, e che strumento di potere economico e politico potrà avere quella nazione che per prima disporrà di un vaccino, ma anche quale ruolo dovrà avere la rete del futuro. **Un dato va sottolineato**: la situazione è in continuo divenire e quello che un giorno di questi mesi terribili è stato cosa certa e indiscutibile, spesso è divenuto il contrario a distanza di pochi giorni o qualche settimana.

Abbiamo dunque fotografato la fase1 da ogni possibile angolazione, certi che in tanti, presi dal comprensibile disorientamento indotto dal dover affrontare una situazione – quella del lockdown - mai occorsa nella storia dell'uomo, non hanno avuto possibilità di farlo.

Abbiamo deciso di mettere una data limite al suo aggiornamento: il 31 agosto 2020, data in cui la fase1 si considerava ormai conclusa e che si ritiene possa essere accettabile anche per lanciarsi in proiezioni sulle strade da seguire per riprendersi da una situazione che, con le dovute proporzioni, è risultata peggiore di quella in cui tante Nazioni si sono trovate nell'ultimo dopoguerra.

Il SARS-CoV-2, prima pandemia dell'era della comunicazione globale

La prima pandemia dell'era della comunicazione globale. Così possiamo definire quella da Coronavirus, poi Covid-19, anzi, SARS-CoV-2. Giornali, radio, televisioni, ma soprattutto internet, sono stati croce e delizia di questo periodo, in cui abbiamo visto l'informazione soffrire di omissioni (i ritardi della Cina venuti fuori praticamente a lockdown finito, almeno per la Cina stessa e per l'Europa), ma anche l'atteggiamento incomprensibile dell'Organizzazione Mondiale della Sanità, che, oltre ad aver dimostrato in più occasioni incertezze e ripensamenti, effettivamente parrebbe essere stata accondiscendente verso la Cina nel tenere la "pentola coperta" il più a lungo possibile. Mai smentiti, fino ad oggi, sospetti di conflitti di interessi tra ruoli istituzionali e professionali come nel caso di **Anthony Fauci** (ne accenneremo nella parte dedicata al complottismo).

Per non parlare dei numerosissimi esperti che hanno trovato in questo periodo un inatteso momento di gloria, anche se alla fine diversi tra essi hanno accumulato figuracce e smentite che non farebbero felice nemmeno uno dei più sprovveduti "allenatori di calcio da divano" che sempre hanno rallegrato le nostre serate con gli amici.

Tra le clamorose "autoreti", per restare in clima calcistico, quelle relative allo studio che negava l'utilità delle mascherine, che era stato usato dall'OMS.

Ancora, lo studio che identificava il virus nel peritoneo. O la ricerca che trattava la morte per Covid-19 di una donna gravida, o ancora quella sugli ace inibitori e quelli che misuravano falsi positivi ai tamponi tra i pazienti asintomatici.

Chiudiamo la brevissima carrellata sugli strafalcioni di esperti e virologi, troppo ansiosi di dare risposte al mondo, con gli "*stop and go*" continui (non amiamo usare anglofonismi ma a volte la modernità del linguaggio ci costringe a farlo) su clorochina e idrossiclorochina, componenti di un farmaco che ha contribuito in modo fondamentale nella lotta contro la malaria, e che è stato sperimentato perché insieme antivirale e anticoagulante: due terapie che, combinate insieme, queste sì, usate nel modo corretto hanno dato effetti efficaci contro il virus, al pari del plasma dei guariti.

Prima di tornare al discorso più scientifico sull'argomento di cui ci stiamo occupando, non possiamo non ricordare, tra un sorriso amaro e la pacata considerazione su "in che mani è il mondo", il bislacco e insano suggerimento dell'ormai ex presidente **Donald Trump**: sottoporsi a lampade Uv per "seccare il virus" o di farsi iniezioni o flebo con disinfettanti per superfici.

Di certo c'è che non è stata chiarita in modo assolutamente attendibile, ad oggi, l'origine dell'epidemia: uno dei coronavirus di origine animale o qualcosa creato in laboratorio a **Whuan**, magari anche con finalità solo scientifiche e poi disperso all'esterno per un tragico errore. Come si sia potuto diffondere, nell'epoca della mobilità globale, è certamente una domanda retorica, specie se a questa facilità di movimento si aggiungono i ritardi nelle contromosse, voluti o meno lo dirà la storia.

"*L'origine del contagio resta un mistero*"[1], scrive l'agenzia **Adnkronos** il 16 aprile 2020, che in un articolo di cui riportiamo parte, parla di "*tre possibili teorie*":

"*Secondo la prima ipotesi l'epidemia è collegata alla ricerca sulle armi biologiche. A gennaio, quando iniziava il lockdown nella provincia cinese di Hubei, il Washington Times, espressione del mondo conservatore, rilanciava una ricerca dell'ex ufficiale dell'intelligence militare israeliana, Dany Shoham, per sostenere che il "coronavirus potrebbe essere nato in un laboratorio collegato al programma di armi biologiche della Cina" a Wuhan, suggerendo - scrive il Post - che "il Laboratorio nazionale per la biosicurezza e l'Istituto di virologia di Wuhan lavorassero al programma". I laboratori esistono, ma non ci sono prove.*

"In base al genoma e alle proprietà del virus non vi sono indicazioni che si tratti di un virus costruito in laboratorio", ha detto al Post un professore di biochimica della Rutgers University, Richard Ebright. "Ha troppe caratteristiche distinte, alcune delle quali controintuitive", ha commentato con Science News il virologo Robert Garry della Tulane University di New Orleans. Nonostante tutto, scrive il Post, un sondaggio del Pew Research Center diffuso la scorsa settimana rivela che quasi tre americani su dieci sono convinti che il virus possa essere nato in

---

[1] https://www.adnkronos.com/fatti/esteri/2020/04/16/coronavirus-mistero-sulle-origini-tre-teorie_DzRHEKgFZyxxpKeiGLqBrK.html

laboratorio. Secondo la seconda teoria il Coronavirus si è diffuso da un laboratorio a causa di un incidente. Alternativa "più plausibile" rispetto alla prima teoria, secondo le parole del Post. Un virus di origine naturale che potrebbe essersi diffuso per un incidente dai laboratori di Wuhan. Il professor Ebright ha detto al Post di ritenerlo "almeno altrettanto probabile" quanto un incidente fuori da un laboratorio. Altri scienziati non sono d'accordo. Ma "ci sono prove circostanziate", scrive il Post che fa riferimento alle ricerche sui coronavirus dei pipistrelli di ricercatori della sede di Wuhan del Centro cinese per il controllo e la prevenzione delle malattie.

Due giorni fa il Washington Post scriveva di cablogrammi diplomatici che nel 2018 avevano già nero su bianco i timori per le misure di sicurezza e la gestione dell'Istituto di virologia di Wuhan. Ma, sottolinea il giornale, questo non dimostra che il nuovo coronavirus sia mai stato studiato a Wuhan. "Non ci sono prove si sia diffuso da un laboratorio", ha rimarcato il microbiologo Andrew Rambaut dell'Università di Edimburgo.

Per la terza teoria "il governo cinese ha ingannato il mondo sul coronavirus", scrive il Post, ricordando di aver scritto a inizio febbraio dell'"offuscamento delle informazioni" da parte della Cina. Pechino è stata lenta nella condivisione dei dati, anche con gli esperti dell'Oms, scrive il giornale citando l'inchiesta di ieri dell'Associated Press secondo cui il gigante asiatico non avrebbe dato l'allarme per sei giorni, cruciali per la diffusione del virus.

Il Post cita anche articoli di giornalisti cinesi con i dubbi sul tasso di letalità a Wuhan (i dati ufficiali confermati stamani da Pechino parlano di un totale di 3.342 morti con coronavirus in tutto il gigante asiatico) e scrive del ritiro di ricerche scientifiche che ipotizzavano nella Cina l'origine dell'epidemia. Il giornale ricorda poi le "teorie infondate" di un portavoce del ministero degli Esteri di Pechino, Zhao Lijian, sulla possibile origine del virus negli Usa".

La situazione di incertezza sulle origini è tale a tutt'oggi, anche in presenza di numeri di morti e contagiati totalmente diversi da quelli citati nell'articolo, quando buona parte del mondo era ancora "fuori" dal contagio massiccio.

Ma la "prima pandemia dell'era della comunicazione globale", come l'abbiamo definita in apertura di questo capitolo, è davvero così imponente rispetto a quelle che abbiamo vissuto nei secoli scorsi?

Vediamolo nel prossimo paragrafo.

Uno sguardo al passato

National Geographics e **Fondazione Veronesi**, oltre ad uno studio degli esperti della **Deutsche Bank**, sono le fonti cui ci siamo affidati per una comparazione degli effetti sulla popolazione mondiale dell'epidemia di SARS-CoV-2 rispetto a quelle passate. Il titolo usato dall'Agi (Agenzia Giornalistica Italia) per presentare lo studio della Deutsche Bank è davvero significativo: *"**Perché quella del Covid-19 non è fra le peggiori pandemie della Storia**"*.

Al di là dei termini numerici assoluti delle epidemie succedutesi nei secoli, che vedremo di qui a poco anche con l'ausilio di un grafico, gli oltre 400mila morti alla fine della fase1 sono ben poca cosa rispetto a quelli che una proiezione di esperti della Deutsche Bank ha stimato se non si fosse imposto dovunque un severo lockdown: 17milioni 600mila decessi. Siamo quindi in acque chete, con una media di mortalità ad oggi dello 0,002‰ rispetto alle reali possibilità di attacco del virus, pari allo 0,23% secondo la Deutsche Bank. Anche se, come vedremo tra due capitoli, a fronte di un così "basso" numero di vittime, l'economia mondiale ne è uscita sconvolta. Ad ogni modo, senza voler tirare in ballo i polli di Trilussa né sminuire le scienze statistiche, se analizziamo i dati ufficiali in Italia, l'indice di mortalità supera lo 0,14% al termine di quella che è stata definita "fase1". La Fondazione Veronesi[2] ci ricorda che *"La storia dell'uomo, così come quella degli animali, è stata caratterizzata da decine di epidemie e pandemie causate da virus ignoti e da altri che abbiamo imparato a conoscere molto bene. Nell'ultimo secolo, per esempio, la tristemente famosa influenza spagnola del 1918 contagiò mezzo miliardo di persone uccidendone almeno 50 milioni, anche se alcune stime parlano di 100 milioni di morti. La maggior parte delle pandemie hanno un'origine animale. Sono, cioè, delle zoonosi. In alcuni casi nascono dalla stretta convivenza tra persone e animali da allevamento e sono poi favorite dai grandi agglomerati urbani con elevata densità abitativa.*

Altre epidemie, invece, sono state determinate dalla colonizzazione e dalla conquista di nuovi territori: virus e batteri sconosciuti ai sistemi immunitari delle popolazioni autoctone hanno causato vere e proprie stragi. Ne è un esempio il periodo della conquista spagnola in America del Cinquecento, quando il vaiolo uccise quasi tre milioni di indigeni mesoamericani e contribuì all'invasione dei conquistadores europei molto più di fucili e moschetti".

Cosa succede normalmente quando un nuovo virus, o comunque uno non conosciuto fino a quel momento, viene a contatto con l'uomo? A spiegarlo in modo decisamente accessibile ed esaustivo è ancora la Fondazione Umberto Veronesi: *"I risultati non sono quasi mai prevedibili. Può accadere che non si adatti per nulla al nuovo ospite, venendo controllato dal sistema immunitario e non causando alcun danno. In questi casi, chi viene a contatto con un patogeno può non accorgersene neppure. In altri casi, invece,*

2 https://www.fondazioneveronesi.it/magazine/articoli/lesperto-risponde/le-pandemie-nella-storia-dal-vaiolo-del-500-al-covid-19

il virus riesce a colpire le cellule umane (a volte di uno specifico tessuto, come in quest'ultimo caso quello polmonare), causando sintomi di varia natura e gravità: se pensiamo alla capacità del virus di creare danni al nostro corpo, allora stiamo pensando alla sua «patogenicità». Chiaramente, la sua forma più estrema è rappresentata dal decesso del paziente: in questi casi possiamo valutare la letalità del virus, ovvero il numero di morti sul totale dei pazienti che hanno contratto quella specifica malattia. Tutt'altro parametro è invece la contagiosità o infettività. In questo caso, i termini sono associati alla capacità del virus di diffondersi da un individuo a un altro: più un virus è infettivo, più si diffonderà velocemente all'interno della popolazione. Esiste anche un valore chiave per capire questo con concetto, chiamato R0: in epidemiologia è un valore numerico che rappresenta il numero medio di persone che vengono contagiate da ciascuna persona infetta. Se il suo valore è 2, significa che ogni malato contagia due sani.

Più R0 è elevato, più l'agente patogeno si diffonde velocemente, mentre se questo valore è inferiore a 1 la malattia tende a estinguersi da sola nella popolazione. R0 non dipende solo dalle caratteristiche dell'agente infettivo: densità e mobilità della popolazione, condizioni igieniche e climatiche e numero di persone immuni o vaccinate possono limitare o favorire la diffusione di un virus". Il che aiuterebbe ad alimentare una necessaria riflessione sul perché alcune zone italiane, Lombardia in testa, siano state decisamente martoriate dal Covid-19 mentre altre, quali Calabria, Basilicata, Molise o Sardegna, ma anche la Campania, abbiano visto numeri decisamente poco significativi di contagiati rispetto alla prima.

E dunque quali sono i numeri del Coronavirus rispetto ad altre epidemie? Vediamolo nella grafica inserita in questa pagina, per poi passare ad analizzarli, non prima di aver sottolineato una curiosità normalmente nota solo a medici e a chi ha avuto il piacere di confrontarsi con greco e latino: **peste**, nome che ricorre spesso nelle pagine seguenti, viene dal latino ***pestis*** (*pestis, pestis, femminile, III declinazione*), e significa "distruzione, rovina, sventura, epidemia".

Ed ora partiamo con la carrellata sulle "pesti" nei secoli:

La più antica malattia epidemica noi nota è quella del **vaiolo**: la sua diffusione tra gli esseri umani è nota da almeno 10mila anni. Il suo nome fa riferimento alle pustole che apparivano sulla pelle di chi ne soffriva. Decimò la popolazione mondiale dalla sua comparsa, arrivando ad avere tassi di mortalità fino al 30%.

Si espanse massicciamente nel nuovo mondo quando i conquistatori iniziarono ad attraversare l'oceano, colpendo in modo terribile una popolazione con difese molto basse contro nuove malattie, e in Europa ebbe un periodo di drammatica diffusione durante il XVIII secolo, infettando e sfigurando milioni di persone. È una delle due uniche malattie che l'uomo è riuscito a debellare con la vaccinazione. È stato proprio combattendo questa malattia che fu scoperto il primo vaccino. **Lady Mary Wortley Montagu**[3] fu la persona che elaborò inizialmente alcune osservazioni chiave sulla malattia durante il suo soggiorno in Turchia e, quasi 100 anni dopo, **Edward Jenner**[4] dimostrò scientificamente la loro efficacia. Nel 1977 è stato registrato l'ultimo caso di contagio del virus, che da allora è considerato estinto.

La **peste ateniese**: tra il 430 e il 426 la città di Atene fu colpita da questo flagello che causò un numero di morti stimato tra le 70 e le 100mila unità. Gli storici hanno a lungo cercato di identificarne la natura. È stata valutata per lungo tempo come un focolaio di peste bubbonica nelle sue molteplici forme. Successive riconsiderazioni circa i sintomi riferiti, hanno portato gli studiosi ad avanzare ipotesi alternative, comprendenti tifo, vaiolo, morbillo e sindrome da shock tossico. Per altri potrebbe essersi trattato di antrace (detta anche carbonchio), diffuso dalle molte mandrie di bestiame concentrate all'interno delle mura cittadine[5].

Sulla base delle somiglianze descrittive con i recenti focolai in Africa, e visto che la peste ateniese era apparentemente venuta

---

[3] Scrittrice, poetessa ed aristocratica inglese, 26 maggio 1689 – 21 agosto 1762

[4] 17 maggio 1749 – 26 gennaio 1823: è stato un medico e naturalista britannico, noto per l'introduzione del vaccino contro il vaiolo e considerato il padre dell'immunizzazione.

[5] Come riferisce l'Istituto Superiore di Sanità, si tratta di una infezione acuta causata dal batterio *Bacillus anthracis*, un germe produttore di spore che possono sopravvivere a lungo nell'ambiente e che si manifesta comunemente in animali erbivori selvatici e domestici, fra cui i gatti, le pecore, le antilopi, le capre, i cammelli. Colpisce anche gli uomini con forme più lievi che interessano la cute e forme settiche più gravi (ma più rare) legate all'inalazione delle spore che possono anche condurre al decesso.

dall'Africa (come pensava Tucidide), si ipotizza anche possa essersi trattato di ebola o febbre emorragica.

La **peste antonina**, nota anche come peste di Galeno[6], dal nome del medico che la descrisse, fu una pandemia di vaiolo, morbillo, o meno probabilmente tifo, propagata entro i confini dell'impero romano dai soldati dell'esercito di ritorno dalle campagne militari contro i Parti. Se ne ha traccia a partire dal 130 d.C., e avrebbe causato, secondo i dati in possesso dei **Centri per la prevenzione e il controllo delle malattie**, in acronimo **CDC**, tra i 5 e i 10 milioni di morti. Galeno colloca lo scoppio dell'epidemia durante l'assedio portato dai Romani a Seleucia, nell'inverno del 165–66, durante le campagne partiche di Lucio Vero, che ne sarebbe morto, e che era coreggente con **Marco Aurelio Antonino** il cui patronimico diede il nome all'epidemia.

Nel 177 il focolaio scoppiò di nuovo, secondo quanto riferisce lo storico romano **Cassio Dione**, e causò fino a 2.000 morti al giorno a Roma, uccidendo un quarto degli infetti. La peste antonina avrebbe imperversato nell'impero per quasi 30 anni.

Dal 249 al 262 d.C. (o dal 251 al 270 secondo CDC), a colpire nuovamente l'Impero romano fu la **peste di Cipriano**: tra i 5 e i 6 milioni di vittime per un'epidemia che deve il suo nome a San Cipriano, vescovo di Cartagine, che ne fu testimone e descrisse la malattia.

Poco è noto sulla sua eziologia: i sospetti includono vaiolo, una

---

[6] Galeno di Pergamo (Pergamo, 129 – Roma, 201 circa) è stato un medico greco antico, i cui punti di vista hanno dominato la medicina occidentale per tredici secoli, fino al Rinascimento, quando cominciarono lentamente e con grande cautela a essere messi in discussione, per esempio dall'opera di Vesalio. Dal suo nome deriva la galenica, l'arte di preparare i farmaci. (da Wikipedia)

pandemia influenzale o una febbre emorragica virale da filovirus (che appartiene alla stessa famiglia dell'Ebola).

Causò invece l'impressionante numero di morti compreso tra i 50 e i 100 milioni la **peste giustinianea**, che afflisse i territori dell'Impero bizantino allora governato da Giustiniano tra il 541 e 542 d.C. (con ondate successive fino al 700 d.C. circa).

Gli studiosi hanno determinato che sia stata causata dallo stesso batterio, lo *Yersinia pestis*, che colpì l'Europa nel XIV secolo (con la cosiddetta **peste nera**). Secondo uno studio del 2014 si trattava dello stesso agente patogeno ma appartenente a un ceppo diverso ora estinto. Si ipotizza abbia avuto origine dall'Etiopia o dall'Egitto, e che si sia diffusa attraverso i notevoli flussi di generi alimentari che provenivano dal nord-Africa. Si diffuse in Medio Oriente, Europa, Asia e Nord Africa.

Copre invece l'arco temporale che va dal 1346 al 1353 la peste nera cui abbiamo appena accennato, prodotta appunto dallo *Yersinia pestis*, che gli studiosi ritengono generatasi in Asia centrale settentrionale. Si diffuse in Asia, Europa, Nordafrica e Caucaso e causò un numero di morti stimato tra i 25 e i 100 milioni. La peste nera si diffuse a ondate dall'altopiano della Mongolia, passando attraverso la Cina e la Siria e poi la Turchia asiatica ed europea. Successivamente raggiunse la Grecia, l'Egitto e la penisola balcanica. Nel 1347 arrivò in Sicilia e da lì a Genova; nel 1348 aveva infettato la Svizzera e l'Italia, risparmiando parzialmente il territorio del Ducato di Milano. Dalla Svizzera si allargò quindi alla Francia e alla Spagna; nel 1349 raggiunse l'Inghilterra, la Scozia e l'Irlanda; nel 1353, dopo aver infettato tutta l'Europa, cominciò ad attenuarsi fino a scomparire. Secondo studi moderni la peste nera uccise almeno un terzo della popolazione del continente.

L'influenza spagnola - detta così perché inizialmente furono solo i giornali spagnoli a parlarne, non essendo la Spagna coinvolta nella guerra e quindi non afflitta da censure - fu una pandemia di tipo influenzale, di particolare violenza, che fra il 1918 e il 1920 infettò circa 500 milioni di persone nel mondo e ne uccise un numero non ancora definito ad oggi: si parla di un arco di vittime tra i 50 ed i 100 milioni. Toccò perfino remote isole dell'Oceano Pacifico e del Mar Glaciale Artico. Al contrario di altre epidemie che solitamente colpiscono e uccidono persone anziane e debilitate, la spagnola - particolarmente nell'anno 1918 - uccise persone di età giovane e di buona salute.

Sull'alto tasso di mortalità di questa pandemia sono state fatte ipotesi basate anche sul virus recuperato dai corpi di vittime mantenute congelate. Si è scoperto, semplificando, che le *citochine*[7] davano luogo a reazioni eccessive del sistema immunitario, e quindi i soggetti giovani morivano più frequentemente proprio in forza delle loro più forti difese dell'organismo, mentre bambini e anziani, in questo caso, sopravvivevano più facilmente. Sicuramente sulla virulenza della spagnola avrebbe inciso, secondo i ricercatori, il periodo bellico con malnutrizione, ospedali - civili e da campo - affollati, scarsa igiene.

---

[7] molecole che fungono da segnali di comunicazione fra le cellule del sistema immunitario e fra queste e diversi organi e tessuti. Vengono distinte in 4 gruppi: le *emopoietine*, che includono fattori di crescita come l'eritropoietina, e diverse *interleuchine*; la famiglia dei fattori di necrosi tumorale (TNF), la famiglia delle *chemochine* e gli *interferoni*, che inducono le cellule a resistere agli attacchi virali. Quelle prodotte dalle cellule del sistema immunitario svolgono un ruolo fondamentale nella regolazione e nell'attivazione dei nostri meccanismi difensivi e nei processi infiammatori

Fu invece di poco superiore al milione di morti (altre fonti vogliono ci siano state due milioni di vittime) il bilancio dell'**influenza asiatica**, che colpì il mondo tra il 1957 e il 1958. Si trattò di una pandemia influenzale di origine aviaria, causata dal virus *A/Singapore/1/57 H2N2* (influenza di tipo A), isolato per la prima volta in Cina nel 1954. Il bilancio fu contenuto grazie al fatto che il virus fosse già conosciuto e che, nel corso del primo anno di manifestazione dell'epidemia, fu messo a punto un vaccino. **Paolo Guzzanti** in un brioso editoriale pubblicato il 6 marzo 2020 su "**Il Riformista**" dal titolo "*Storia dell'Asiatica, l'influenza che uccise i giovani*"[8], ci ricorda come in Italia furono ventimila le vittime, e che l'influenza "*attaccava e uccideva i giovani perché i più vecchi, sia nel 1957 che più tardi nel 1969, avevano nel loro sistema immunitario anticorpi ereditati dalle influenze precedenti e dalle generazioni precedenti, tutte comunque di origine suina o aviaria (pollame e anatre), tutte sbarcate dalla Cina e da Hong Kong, allora colonia britannica, o dal Sud Est asiatico*". La successiva epidemia, ultima di questa carrellata, detta **influenza di Hong Kong**, rappresenta una variante evolutiva del virus che diede origine all'asiatica. Anche qui, come nell'asiatica e poi con il Covid-19, si moriva di complicanze polmonari. Si sviluppò tra il 1968 e il 1969 e causò la perdita di circa un milione di vite umane. Si ripresentò a fine del 1969, e fu in questa fase chiamata **influenza spaziale** visto che si era manifestata a ridosso della conquista della Luna, per presenziare fino al primo 1970, causando in Italia circa 20mila morti. Un altro picco si ebbe nel 1972.

----

[8] https://www.ilriformista.it/storia-dellasiatica-linfluenza-che-uccise-i-giovani-57755/

I numeri della "fase1"

Circa 248mila contagiati e poco più di 35mila decessi. Sembravano questi, fino al 3 agosto, i numeri riguardanti l'Italia per la "fase1" della pandemia di Coronavirus "scoperta" nel nostro Paese a febbraio 2020, anche se poi si è capito girava già settimane prima, e che risultavano sicuramente importanti ma meno catastrofici di quelli di altri Paesi europei e del mondo. Dai meno di 500 cittadini colpiti in Basilicata e Molise ai 96mila e passa della Lombardia (oltre tre volte più che in Piemonte, seconda regione nella triste classifica), devastata dal virus.

Il 3 agosto arriva però la bomba lanciata dalle agenzie: quasi un milione e mezzo di italiani risulta avere gli anticorpi per il Sars-CoV-2: il 2,5% della popolazione residente in famiglia (escluse le convivenze, precisa l'indagine)!

Un dato che da un lato è confortante perché abbassa drasticamente il tasso di mortalità ufficiale della pandemia, ma dall'altro preoccupa perché, come diversi casi hanno evidenziato, la presenza di anticorpi non è garanzia di immunità acquisita.

I numeri non sono frutto della fantasia, ma dell'indagine sulla sieroprevalenza realizzata da **Istat** e **ministero della Salute**, mentre la **Croce Rossa** ha condotto la rilevazione sul campo con l'aiuto delle Regioni. Le persone che sono entrate in contatto con il virus nella fase 1 *"sono dunque 6 volte di più rispetto al totale dei casi intercettati ufficialmente durante la pandemia, attraverso l'identificazione del Rna virale, secondo quanto* *prodotto dall'Istituto Superiore di Sanità"*, si legge nella relazione.

L'indagine riferisce che *"le differenze territoriali sono molto accentuate. La Lombardia raggiunge il massimo con il 7,5% di sieroprevalenza: ossia 7 volte il valore rilevato nelle regioni a più bassa diffusione, soprattutto del Mezzogiorno. Il caso della Lombardia è unico - sottolinea il report - da sola questa regione assorbe il 51% delle persone che hanno sviluppato anticorpi. D'altra parte in Lombardia, dove è residente circa un sesto della popolazione italiana, si è concentrato il 49% dei morti per il virus e il 39% dei contagiati ufficialmente intercettati durante la pandemia: in alcune sue province, quali ad esempio Bergamo e Cremona, il tasso di sieroprevalenza raggiunge addirittura punte, rispettivamente, del 24% e 19%"*.

Adnkronos scrive in proposito[9]: *"Oltre al record della Lombardia, il report Istat-ministero della Salute segnala una "forte differenziazione territoriale". Rispetto alla graduatoria regionale della prevalenza accertata, dopo la Lombardia segue dunque la Valle d'Aosta, con il 4%, e un gruppo di regioni che si collocano attorno al 3%: Piemonte, Trento, Bolzano, Liguria, Emilia-Romagna e Marche. Il Veneto è all'1,9% mentre otto Regioni, tutte del Mezzogiorno, presentano un tasso di sieroprevalenza inferiore all'1%, con i valori minimi in Sicilia e Sardegna (del gruppo fanno parte Puglia, Umbria, Basilicata, Campania, Molise, Calabria, Sardegna, Sicilia). Dall'indagine "non emergono differenze significative per quanto riguarda il genere. Uomini e donne sono stati colpiti nella stessa misura dal Sars-CoV-2 così come emerso anche da studi di altri Paesi. Per quanto riguarda l'età, è interessante notare come il dato di sieroprevalenza più basso sia riscontrabile per i bimbi da 0 a 5 anni (1,3%) e per gli ultra 85enni (1,8%), due segmenti di popolazione per età verosimilmente più protetti e, quindi, meno esposti durante*

---

9   https://www.adnkronos.com/fatti/cronaca/2020/08/03/coronavirus-istat-milione-mezzo-italiani-gli-anticorpi_FNUo79cZO3uw1N32XBQYvL.html

l'epidemia", rileva il report. È asintomatico *"quasi il 30% delle persone con anticorpi"*. *"La percentuale di asintomatici è molto importante, perché evidenzia quanto ampia sia la quota di popolazione che può contribuire alla diffusione del virus. E quindi quanta attenzione ciascun cittadino deve porre alla scrupolosa applicazione delle misure basilari di sicurezza a difesa di sé stesso e degli altri"*, sottolineano gli autori del report. Il 27,3% delle persone che ha sviluppato anticorpi non ha avuto alcun sintomo.

Oltre agli asintomatici – ed escludendo il 6,5% di non rispondenti – il resto si divide tra persone con uno o due sintomi (esclusa la perdita dell'olfatto e/o del gusto) che rappresentano il 24,7% e persone con almeno tre sintomi. Queste ultime includono anche coloro che presentano i soli sintomi di perdita di olfatto e/o di gusto, e rappresentano il 41,5% della popolazione che ha sviluppato anticorpi. Tra i sintomi più diffusi nell'ambito dei soggetti con uno o due sintomi si osservano la febbre (27,8%), la tosse (21,6%), il mal di testa (19,2%). I sintomi più diffusi dei soggetti con almeno tre sintomi oppure perdita di gusto o di olfatto sono: febbre (68,3%), perdita di gusto (60,3%), sindrome influenzale (56,6%), perdita di olfatto (54,6%), stanchezza (54,6%), dolori muscolari (48,4%), tosse (48,1%), mal di testa (42,5%).

Sappiamo come la seconda ondata non sia stata affatto più blanda. In Paesi europei come Francia, Spagna, Grecia, così come il resto del mondo, i numeri (vedi Francia nel mese di agosto) vedono picchi mai raggiunti nemmeno nella prima fase della pandemia, e come abbiamo scritto nell'introduzione sono tornati i lockdown, parziali o totali.

Perché ha sconvolto
l'economia mondiale

"Mai nella storia della Repubblica ci si è trovati ad affrontare una crisi sanitaria, sociale ed economica di queste proporzioni". A usare toni così drammatici non è un uomo di strada né un giornalista economico, ma il rapporto Primavera 2020 di **Confindustria**, che basandosi su dati Istat, che hanno quantificato in 430 miliardi di euro il Prodotto Interno Lordo del primo trimestre 2019, valutano una perdita nel primo semestre del 2020 pari al 10%.

Per Confindustria[10] *"Le relazioni sociali ed economiche sono colpite in modi gravi, imprevedibili fino a poche settimane orsono. I consueti comportamenti individuali e collettivi, le relazioni tecnologiche tra fattori produttivi ed output, i meccanismi consolidati di trasmissione delle politiche pubbliche, i rapporti internazionali di scambio, sono alterati ed in alcuni casi del tutto saltati"*.

Più d'uno, ad ogni modo, ha apprezzato i giorni in cui non erano il rumore del traffico e il frastuono in alcune circostanze assordante e fastidioso della movida la colonna sonora della nostra vita, e tanti, particolarmente gli ultracinquantenni per i quali una volta era la normalità, hanno avuto momenti di tenerezza ma anche di rabbia (*"perché non può essere sempre così?"*) nell'osservare la natura riappropriarsi della Terra, nel vedere le acque linde, o perlomeno trasparenti, della laguna veneta ma anche del Sarno e dei suoi affluenti, definiti "killer" perché trasportano i residui di lavorazioni industriali da Solofra e da altre zone dell'Alto Irno.

Pur tuttavia, anche in presenza di note tutto sommato positive, la non conoscenza della natura del virus e delle sue capacità di diffusione ha costretto – **per la prima volta nel mondo** - i governi a delle rigide chiusure delle attività del mondo commerciale, professionale, produttivo e dei servizi. Pochissime le eccezioni, tutte praticamente obbligate: attività della filiera alimentare in primis. Questo quadro, unito a forti limitazioni nel movimento delle persone (come non ricordare qui la "saga delle autocertificazioni" sulle quali i social hanno creato tanta ilarità), ha provocato un drastico crollo dei consumi e della circolazione di danaro. Il tutto, unito ai mancati introiti di una massiccia parte del mondo del lavoro: imprenditori, ma anche operai (alcuni dei quali hanno avuto in ritardo di tre mesi ed oltre la loro indennità di cassa integrazione), professionisti, commercianti, ristoratori e albergatori, per citare alcune categorie, ha dato vita ad una crisi economica che ha costretto, non sappiamo ancora con quali risultati positivi, i governi – europei e degli Stati Uniti innanzitutto – a operazioni di iniezione di contanti e alla erogazione di sussidi straordinari davvero senza precedenti nella storia.

Un piccolo passo indietro per rivedere le crisi economiche, almeno

---

[10] https://www.confindustria.it/home/centro-studi/temi-di-ricerca/congiuntura-e-previsioni/tutti/dettaglio/rapporto-previsione-economia-italiana-scenari-geoeconomici-primavera-2020

quelle più "vicine" a noi, è probabilmente utile per avere un quadro più chiaro dello sviluppo e dei motivi delle alternanti crescite e cadute rovinose dell'economia mondiale, per comprendere come spesso ci siano alla base anche speculazioni per arricchire pochissimi in danno di tanti e che, in ogni caso, dalla nascita della società industrializzata dopo un periodo di crescita, se vogliamo essere perfino troppo semplicistici nei termini, arriva il segnale di "troppo pieno" e "l'acqua" fuoriesce dalla vasca, per quanto grande voglia essere. È successo, per partire da vicino, con la **"Grande depressione"** che afflisse principalmente Europa e Stati Uniti dal 1873 a fine secolo.

Si vuole abbia avuto inizio a Vienna l'8 maggio 1873, per un timore generalizzato (si dice inizialmente indotto per acquistare a prezzi più bassi le azioni che venivano rese disponibili sul mercato) della perdita dei risparmi da parte degli investitori. Si propagò negli Stati Uniti - secondo le cronache - il 18 settembre successivo, a causa del fallimento della banca Jay Cooke & Company, con sede a New York, a causa dell'inesigibilità di importanti prestiti soprattutto nel settore ferroviario, dando vita questo diede a quella che comunemente viene definita "ondata di panico" degli investitori diffusasi in molti paesi industrializzati, soprattutto Inghilterra, Germania e Francia. La produzione industriale degli Stati Uniti cadde di un terzo per la mancanza di acquirenti mentre aumentava notevolmente la disoccupazione. Conseguenza della mancanza di domanda fu una imponente deflazione. La crisi - che non vide tuttavia i Prodotti Interni Lordi degli Stati coinvolti subire ribassi importanti - ebbe una graduale soluzione anche grazie alla diffusione della convertibilità della moneta in oro in numerosi paesi industrializzati: dopo il 1873 fu adottata da Scandinavia (1874), Danimarca (1875), Norvegia (1875), Svezia (1875), Paesi Bassi (1875), Francia (1876), Spagna (1876), Austria (1879), Italia (1883), Russia (1893), Giappone (1897), India (1898) e USA (1900).

A seguire, puntualmente, dopo anni di crescita intensa, arrivò il **24 ottobre 1929** il **"giovedì nero"** di Wall Street, seguito dal "martedì nero" (termini oggi inflazionati a tutte le occasioni e giorni della settimana, come per esempio per il *"black friday"* di offerte commerciali), che diede il colpo di grazia ad un mercato lontano dalla realtà produttiva, e che potremmo azzardare a definire la prima crisi di tipo speculativo.

Come anche in eventi recenti, si acquistavano azioni - sulla base di previsioni di crescita troppo rosee dei gruppi che ne detenevano sostanziosi pacchetti - non per creare rendite ma per capitalizzare con rivendite a prezzi in crescita che non corrispondevano alle reali capacità produttive delle aziende e soprattutto alle loro vendite. Un quadro che, inevitabilmente, portò ad un *"redde rationem"*[11]. Non è questa la sede di un'analisi approfondita di cause ed effetti (banche insolventi, disoccupazione, crollo della produzione e dei consumi, barriere doganali) che ne sono scaturiti, se non come panoramica storica, ma è interessante annotare che un influente economista americano scomparso nel 2006, **John Kenneth Galbraith**, avesse individuato tra le cause della crisi il perseguimento ossessivo del **pareggio di bilancio** e quindi assenza di intervento statale. Fare un paragone con l'analogo –

---

[11] Vangelo di Luca, 16,2

e non meno ossessivo - obiettivo della Comunità Europea e la sua scarsa propensione – come abbiamo verificato durante la fase1 dell'epidemia di Coronavirus da parte di alcuni paesi componenti – all'intervento solidale rispetto agli Stati membri non appare troppo peregrino. Molti Stati hanno fatto fatica a "riprendersi" da questa crisi: il Dow Jones non tornò ai livelli precedenti al 1929 prima della fine del 1954.

Saltiamo la crisi petrolifera del 1973 che davvero ha poco a vedere con il Coronavirus (anche se in questi mesi di lockdown il petrolio è crollato fino a meno di 10 dollari al barile per mancanza di domanda dovuta alla impossibilità a circolare e praticamente l'assenza di domanda da parte del mondo produttivo e dei trasporti terrestri e aerei) per saltare a quella del 2008 sempre negli Stati Uniti, e nota come la **crisi dei mutui subprime**. Si trattava di una crisi nata principalmente da una gestione economica molto superficiale e spensierata, originata da meccanismi che in modo non tecnico andremo ad analizzare, di mutui concessi a persone ad alto rischio, che non avrebbero potuto avere accesso ad un tasso più favorevole nel mercato del credito a causa di personali storie creditizie fatte di inadempienze, pignoramenti, fallimenti e ritardi. L'analisi della crisi ci viene, con terminologie accessibili, dalla Consob[12], che la racchiude in tre brevi paragrafi:

"**La bolla immobiliare**. *A partire dal 2000 e fino alla metà del 2006, negli Stati Uniti i prezzi delle abitazioni sono cresciuti in maniera costante e significativa, generando una vera e propria bolla immobiliare. Tale dinamica era*

---

favorita dalla politica monetaria accomodante della Federal Reserve (FED), che mantenne i tassi di interesse su valori storicamente bassi fino al 2004, in risposta alla crisi della bolla internet e all'attacco dell'11 settembre 2001.

La politica monetaria. *Tassi di interesse bassi equivalevano a un basso costo del denaro per i prenditori dei fondi, ossia per le famiglie che richiedevano mutui ipotecari, e finirono pertanto con lo stimolare la domanda di abitazioni alimentandone ulteriormente i relativi prezzi. La bolla immobiliare, inoltre, rendeva conveniente la concessione di mutui da parte delle istituzioni finanziarie che, in caso di insolvenza del mutuatario, potevano comunque recuperare il denaro prestato attraverso il pignoramento e la rivendita dell'abitazione.*

La cartolarizzazione. *Oltre alla bolla immobiliare e ai bassi tassi di interesse, la crescita dei mutui subprime è stata sostenuta anche dallo sviluppo delle operazioni di cartolarizzazione, ossia dalla possibilità per gli istituti creditizi di trasferire i mutui, dopo averli 'trasformati' in un titolo, a soggetti terzi (le cosiddette 'società veicolo') e di recuperare immediatamente buona parte del credito che altrimenti avrebbero riscosso solo al termine dei mutui stessi (10, 20 o 30 anni dopo). La cartolarizzazione consentiva alle banche, apparentemente, di liberarsi del rischio di insolvenza dei prenditori dei fondi e indeboliva così l'incentivo a valutare correttamente l'affidabilità dei clienti. Le società veicolo, dal canto loro, finanziavano l'acquisto dei mutui cartolarizzati mediante l'offerta agli investitori di titoli a breve termine".*

Usa toni abbastanza catastrofici per parlare della crisi economica da Coronavirus il professor **Ugo Bardi**, docente presso l'Università di Scienze Matematiche, Fisiche e Naturali di Firenze, che, pur intravvedendo a suo parere "uno spiraglio", in un quadro ancora non perfettamente chiaro il 20 aprile scrive su "**Il Fatto Quotidiano**": "*Vi* *ricordate cosa è successo nel 2008? Sembrava che dovesse finire il mondo: crisi finanziaria, crisi economica, crisi di tutto. Ma cosa era successo? Un elemento apparentemente minore del sistema aveva generato tutto: il mercato dei mutui detti "subprime" in America, che molti di noi nemmeno sapevano che esistesse. È sempre la stessa storia: non era la pagliuzza che aveva spezzato la schiena al cammello: era perché era già sovraccarico. Come un cammello sovraccarico, l'economia mondiale è gravata da almeno due oneri giganteschi: uno è l'aumento dei costi di produzione delle risorse (non fatevi ingannare dagli attuali prezzi bassi del petrolio: i prezzi sono una cosa, i costi sono un'altra). Poi, c'è l'inquinamento, compreso il cambiamento climatico, che è un costo anche quello. Questi due fattori definiscono la condizione chiamata "overshoot", ovvero quando un sistema economico sta consumando più risorse di quanto la natura possa sostituire"*[13] .

Si tratta di un'analisi che in effetti – come poi precisa lo stesso Bardi – riabilita e rivaluta lo studio che il **"Club di Roma"**[14] commissionò nel 1972 al **Massachussets Institute of Technology**, e che predisse – se ci si passa il verbo - le conseguenze della continua crescita della popolazione sull'ecosistema terrestre e sulla stessa sopravvivenza della specie umana, che secondo quella proiezione sarebbe andata in crisi irreversibile nei primi decenni del XXI secolo.

Una previsione che – sia pure per altri aspetti – richiama quella di **Albert Einstein** che però si rifà allo sviluppo degli armamenti: *"Non conosco le armi della terza guerra mondiale, ma solo quelle della quarta: sassi e*

---

[13] https://www.ilfattoquotidiano.it/2020/04/21/il-coronavirus-potrebbe-portarsi-dietro-leconomia-mondiale-ma-uno-spiraglio-ce/5776365/
[14] Associazione non governativa e non-profit di scienziati, economisti, uomini d'affari, attivisti dei diritti civili, alti dirigenti pubblici internazionali e capi di Stato di tutti e cinque i continenti. Inizialmente ebbe sede a Villa Farnesina (di qui il nome). Oggi è in Svizzera.

bastoni".

Del resto non solo il mondo occidentale aveva già chiaro che uno sviluppo disordinato dal punto di vista anagrafico, economico e di sfruttamento delle risorse non potrà essere per sempre: preoccupazione sul futuro esprimeva anche lo sceicco **Rāshid bin Sa'īd**, primo ministro degli Emirati Arabi Uniti dal 1958 al 1990, che fu l'artefice della trasformazione di Dubai in una città portuale moderna ed in un centro commerciale di primaria importanza. A lui è attribuita la frase *"Mio nonno cavalcava un cammello, mio padre pure, io guido una Mercedes, mio figlio guida un Land Rover, suo figlio pure, ma suo figlio cavalcherà un cammello"*. Era riferita, si dice, alla sua preoccupazione che il petrolio di Dubai, che è stato scoperto nel 1966 e la cui estrazione è cominciata nel 1969, sarebbe finito nel giro di poche generazioni. Quindi si adoperò per creare economie alternative per "sopravvivere" alla fine della produzione di petrolio. Torniamo dunque al 2020: per il **Fondo Monetario Internazionale**, come riporta **"Il Sole 24 Ore"**[15], nel 2020 il Pil pro-capite scenderà in 170 Paesi. Sarà la più grave crisi economica dalla Grande depressione del 1929, con una brusca contrazione della crescita globale nel 2020, seguita da una parziale ripresa nel 2021, se l'epidemia sparirà nella seconda metà dell'anno. Ma l'incertezza resta enorme e la situazione potrebbe peggiorare.

Secondo il report dell'**FMI**[16], *"Le interruzioni causate dal virus stanno iniziando a incresparsi attraverso i mercati emergenti. Dopo aver mostrato poco*

---

[15] https://www.ilsole24ore.com/art/fmi-crisi-piu-grave-grande-depressione-AD9iGFJ
[16] https://blogs.imf.org/2020/04/06/an-early-view-of-the-economic-impact-of-the-pandemic-in-5-charts/

movimento all'inizio dell'anno, gli ultimi indici delle indagini dei gestori degli acquisti (PMI) indicano forti rallentamenti della produzione manifatturiera in molti paesi, riflettendo i cali della domanda esterna e le crescenti aspettative di un calo della domanda interna. Sul versante positivo, la Cina sta assistendo a un modesto miglioramento delle sue PMI dopo forti cali all'inizio dell'anno, nonostante la debole domanda esterna. Il modesto miglioramento dell'attività economica in Cina si riflette nei dati satellitari giornalieri sulle concentrazioni di biossido di azoto nell'atmosfera locale, un indicatore dell'attività industriale e dei trasporti (ma anche la densità dell'inquinamento come sottoprodotto del consumo di combustibili fossili). Dopo un forte calo da gennaio a febbraio durante la fase acuta della pandemia, le concentrazioni sono aumentate con la caduta di nuove infezioni, consentendo alla Cina di allentare gradualmente le sue rigide misure di contenimento".

In ogni caso, in un altro articolo del 2 giugno 2020[17], L'FMI sostiene che *"Le rigorose misure di contenimento messe in atto in Nuova Zelanda - restrizioni su raduni ed eventi pubblici implementate quando i casi erano a una sola cifra, seguite da chiusure di scuole e luoghi di lavoro nonché ordini di soggiorno a casa pochi giorni dopo - sono probabilmente ha ridotto il numero di vittime di oltre il 90 percento rispetto a una linea di base senza misure di contenimento. In altre parole, i risultati suggeriscono che, in un paese come la Nuova Zelanda, il numero di decessi confermati Covid-19 sarebbe stato almeno dieci volte maggiore rispetto all'assenza di rigorose misure di contenimento".*

Quindi, in generale, un accordo incondizionato alle misure definite come "lockdown" attuate in buona parte del mondo anche se hanno prodotto effetti catastrofici sull'economia. Ma qui viene in aiuto la

---

[17] https://blogs.imf.org/2020/06/02/how-the-great-lockdown-saved-lives/

sagacia tutta italiana che vuole ci si domandi se sia peggio morire di fame che di Covid-19. Torniamo all'Italia ed al rapporto "**Primavera 2020**" di Confindustria, dove possiamo leggere che *"Uno shock imprevedibile ha colpito l'economia italiana a febbraio 2020, quando è iniziata la diffusione nel Paese del virus COVID-19. Si tratta di uno shock congiunto di offerta e di domanda: al progressivo blocco, temporaneo ma prolungato, di molte attività economiche sul territorio nazionale, necessario per arginare l'epidemia, si è associato un crollo della domanda di beni e servizi, sia dall'interno che dall'estero. Le prospettive economiche, in questa fase di emergenza sanitaria, sono perciò gravemente compromesse. Non è chiaro, inoltre, con quali tempi esse potranno essere ristabilite neppure dal lato dell'offerta. Nelle previsioni che qui presentiamo, ipotizziamo che nel settore manifatturiero saranno attive queste percentuali di imprese nei prossimi mesi, nell'ipotesi che la fase acuta dell'emergenza sanitaria si vada esaurendo alla metà del secondo trimestre dell'anno. Aprile: 40% all'inizio; 60% alla fine del mese; maggio: 70% all'inizio; 90% alla fine del mese; giugno: 90% all'inizio; 100% alla fine del mese. Anche con queste ipotesi, la caduta stimata del PIL nel secondo trimestre rispetto a fine 2019 è attorno al 10% (Grafico A). Inoltre, la ripartenza nel secondo semestre sarà comunque frenata dalla debolezza della domanda di beni e di servizi. Del realismo, o dell'eccessivo ottimismo di queste ipotesi, solo i prossimi mesi diranno. Nel caso in cui la situazione sanitaria non evolvesse positivamente, in una direzione compatibile con questo scenario dell'offerta, le previsioni economiche qui presentate andrebbero riviste al ribasso. Nel 2020 un netto calo del PIL è comunque ormai inevitabile: lo prevediamo al -6,0%, sotto l'ipotesi che la fase acuta dell'emergenza sanitaria termini appunto a maggio. Si tratta di un crollo superiore a quello del 2009, e del tutto inatteso a inizio anno (Tabella A). Ogni settimana in più di blocco normativo* *delle attività produttive, secondo i parametri attuali, potrebbe costare una percentuale ulteriore di Prodotto Interno Lordo dell'ordine di almeno lo 0,75%".*

Per completezza di informazione, riportiamo la tabella A citata nel testo:

	2019	2020	2021
Prodotto Interno Lordo	0,3	-6,0	3,5
Consumi delle famiglie residenti	0,4	-6,8	3,5
Investimenti fissi lordi	1,4	-10,6	5,1
Esportazioni di beni e servizi	1,2	-5,1	3,6
Occupazione totale (ULA)	0,3	-2,5	2,1
Indebitamento della PA[1]	1,6	5,0	3,2

Si tratta di stime su base annuale, ipotizzando il superamento della fase acuta dell'emergenza sanitaria a fine maggio 2020 e una lenta normalizzazione dell'attività economica da metà aprile. Per indebitamento della PA (voce con nota 1) è inteso il valore in percentuale del PIL. Per il 2021 è esclusa l'attivazione degli aumenti delle aliquote IVA e delle accise sui carburanti. Per **ULA** si intendono unità equivalenti di lavoro a tempo pieno. Per Confindustria *"l'azione di politica economica, immediata ed efficace, deve essere diretta in questa prima fase a preservare il tessuto produttivo del Paese, impedendo che la recessione profonda di questi mesi distrugga parte del potenziale e si traduca in una depressione prolungata, con un aumento drammatico della disoccupazione ed un crollo del benessere sociale. Non appena possibile, occorrerà poi mobilitare risorse rilevanti per un piano di ripresa economica e sociale. In entrambe le fasi, un'azione comune o almeno coordinata a livello europeo sarebbe ottimale; in assenza di questa possibilità, la risposta della politica economica nazionale dovrà essere comunque tempestiva ed* *efficace. Siamo in una recessione atipica, che non nasce dall'interno del sistema economico italiano, né in quello internazionale. Non nasce dall'incepparsi di qualche meccanismo dei mercati finanziari o dalla necessità di "correggere" qualche eccesso. Lo shock viene dall'esterno, colpisce l'economia come un meteorite".*

L'azione messa in campo dalla politica, in Italia, senza voler scendere nel terreno delle parti, non ha brillato particolarmente rispetto all'azione di altri Paesi europei. Prescindendo dalla già citata "saga delle autocertificazioni" il Governo Conte spesso si è mosso male ed in ritardo, e parte degli oltre 34mila morti, particolarmente quelli ricoverati nelle residenze sanitarie assistenziali, Rsa come acronimo, avrebbero probabilmente potuto essere evitati. La Sanità è una delle materie di competenza concorrente tra Stato e regioni: sul piano normativo spetta allo Stato definire con legge i principi fondamentali del sistema sanitario e alle Regioni darne attuazione. Si tratta di una scelta già presente nella Costituzione del 1948 che fu poi rafforzata con la riforma del titolo V del 2001. Sul piano dell'offerta dei servizi sanitari, l'erogazione e l'organizzazione dei servizi sanitari è rimessa a partire dal 1992 alle Regioni dopo il fallimento della gestione comunale delle Usl. Però la crisi pandemica, particolarmente in regioni come la Lombardia, ha messo in drammatica evidenza che il piano nazionale per contrastare una pandemia influenzale, pubblicato dal Ministero della Sanità il 13 dicembre 2007 dopo le raccomandazioni dell'Oms del 2005 riferite ai pericoli del diffondersi di influenza aviaria da virus A/H5N1 e più in genere di eventi pandemici, è qualcosa che è rimasto solo sulla carta. Assolutamente insufficienti a fronteggiare l'emergenza sono risultati i posti di terapia intensiva, e in regioni come la Campania, già afflitte da lunghi commissariamenti della sanità, è stato davvero quello che anche un non cattolico chiamerebbe un miracolo che il Covid-19 non abbia manifestato tutta la sua potenza, in un territorio che ha un'altissima densità abitativa.

Il decreto marzo diventato prima decreto aprile e poi, speriamo per pudore, decreto "Rilancio"; la gestione dei dispositivi di protezione individuale, per esempio quelli promessi a 50 centesimi che solo le mosche bianche hanno potuto per settimane reperire ed acquistare; il sostegno ai lavoratori posti forzatamente in cassa integrazione, che però a metà giugno ancora non avevano ricevuto quanto loro promesso e l'avvio dell'app "Immuni", poi praticamente miseramente fallita rispetto agli scopi, sono alcune delle falle della gestione governativa.

Né l'aver ceduto ad interventi economici a pioggia e in taluni casi davvero, a nostro avviso, non necessari, ha migliorato la situazione. Non è il caso del piccolo artigiano, ma che talune realtà produttive abbiano dichiarato di non poter sopravvivere ad uno stop di tre mesi, o che 350 notai abbiano chiesto il bonus da 600 euro, o ancora che alcuni albergatori abbiano evidenziato che fosse meglio dare i 500 euro per incentivare le vacanze alle famiglie con un Isee da 50mila euro perché sono quelle che vanno in albergo e non le meno benestanti, lascia dedurre, ed è un parere assolutamente opinabile e contestabile, che in Italia ci sono troppe cicale e poche formiche. O anche, se vogliamo, troppi furbi, che in queste circostanze ritengano meglio l'uovo oggi che un futuro certamente migliore in cui la gallina, prima di finire gloriosamente in un forno, di uova ne possa produrre a centinaia. Cedere così genericamente alle richieste non è stata la scelta migliore.

Considerazioni che abbiamo reso pubblicamente attraverso la testata "**Il Risorgimento Nocerino**" nell'editoriale dal titolo «*Governo Conte, "È gghiuta 'a pazziella 'mmane 'e criature"*»[18] che, avendo suscitato un dibattito piuttosto importante sulla rete, con commenti anche negativi sui contenuti ma non per questo non graditi, ha dato il segnale chiaro che buona parte dei cittadini è effettivamente disorientato dalle scelte italiane.

A prescindere da queste considerazioni, che pur trovano posto riportando un pensiero piuttosto comune tra gli italiani, anche in Europa le misure di contenimento sono state decisive per un bilancio dei morti e dei colpiti più lieve rispetto alle proiezioni venute fuori da uno studio dei ricercatori dell'Imperial College. Nella sola Italia, e solo fino al 4 maggio, ci sarebbero stati 630 mila morti, ma anche, se in Italia le misure restrittive fossero scattate anche solo una settimana prima rispetto al 9 marzo, è molto probabile che oggi conteremmo 126mila casi in meno e, soprattutto, 13mila morti in meno.

---

[18] https://www.risorgimentonocerino.it/l-editoriale-di-gigi/9798-governo-conte-e-gghiuta-a-pazziella-mmane-e-criature.html

SARS-CoV-2 e complottismo

Anche, e ancora maggiormente, sulla prima pandemia dell'era della comunicazione globale non è mancata la voce dei "**complottisti**". Ovvero di coloro che hanno iniziato a immaginare (magari su qualcosa potrebbero perfino aver ragione!) trame e lati oscuri sull'origine del virus che ha (e sta) dando filo da torcere ormai al mondo intero, con l'eccezione di qualche piccola isola felice dove, per l'isolamento naturale, il Covid-19 non ha – fino ad oggi almeno – messo piede. È il caso per esempio di Palau, un piccolo stato insulare dell'Oceania. O a Vanuatu, una nazione nel Sud Pacifico composta da circa 80 isole che si estendono per 1300 chilometri.

Ufficialmente non sarebbe arrivato in Unione delle Comore, Kiribati, Lesotho, Isole Marshall, Micronesia, Nauru, Corea del Nord, Samoa, São Tomé e Príncipe, Isole Salomone, Sudan del Sud, Tajikistan, Tonga, Turkmenistan, Tuvalu e Yemen. Ma ci sono fortissimi dubbi su Yemen, Corea del Nord, Sudan del Sud, Turkmenistan e Tajikistan, almeno, dove si pensa che la censura sia particolarmente stretta.

Tornando ai complottisti qualcuno ci ha fatto addirittura un libro, come **Francesco Amodeo**, classe 1977, che sul suo sito francescoamodeo.it di sé stesso dice: *"Sono un giornalista pubblicista iscritto all'albo dal 2005 ma preferisco definirmi un cittadino d'inchiesta perché non esercito la mia professione in maniera convenzionale"*. Ha pubblicato con Matrix edizioni (che per la verità sembra avere in catalogo solo opere dello stesso Amodeo) il libro *"31 Coincidenze sul Coronavirus e sulla nuova guerra fredda Usa/Cina"*, che autorecensisce il 7 maggio 2020 dal suo sito scrivendo: *"La guerra tra le due superpotenze che rappresentano le più importanti economie del pianeta, Usa e Cina, è già in atto da tempo, nel silenzio generale. È una nuova guerra fredda, in chiave moderna. Un conflitto tecnologico.*

Chi vince questa battaglia dirigerà il futuro. Gli americani l'hanno capito. Ma sanno anche che la stanno perdendo.

Per questo hanno lanciato moniti pesantissimi agli alleati, e non solo. Hanno fatto sapere che gli accordi con la Cina su materie come il 5G mettono in discussione la Nato e i rapporti di collaborazione tra i servizi di intelligence. Raccomandazioni a cui nessuno ha ubbidito. I più leali hanno fatto il doppiogioco. Altri credono di essere saltati sul carro vincente dell'imperialismo cinese. Trump ha risposto con una guerra commerciale. Ma a qualcuno, quella risposta, non basta. La posta in gioco è troppo alta. C'è chi auspica un intervento radicale, estremo, immediato, paralizzante che possa fermare la Cina, disarcionare Trump e condurre ad un nuovo secolo di dominio americano. Questo scenario ci riporta ai tempi della prima guerra fredda Usa/Urss e ci ricorda che quando gli Stati Uniti vengono minacciati, entrano in gioco forze e organizzazioni fuori da ogni controllo e pronte a tutto, anche a quello che scrivono nei loro documenti ufficiali: "si potrebbe trasformare la guerra biologica dal regno del terrore ad uno strumento politicamente utile."

L'autore, partendo da questa folle ma radicata ideologia, analizza la pandemia come conseguenza di un deliberato attacco biologico. Gli scenari che documenta in questa inchiesta risultano tremendamente coerenti con quanto sta accadendo nel mondo anche se analizzati da due diverse prospettive che solo alla fine sembrano fondersi.

La domanda a cui prova a rispondere l'autore è cui prodest? A chi giova?

Chi vorrebbe colpire la Cina lasciando al tempo stesso le ingestibili conseguenze di un lockdown nelle mani di Trump a ridosso delle elezioni presidenziali? Chi vorrebbe punirebbe i paesi disobbedienti? Chi ha interessi nel settore dei vaccini? E chi potrebbe creare un virus in laboratorio? Cosa renderebbe indispensabili misure di orwelliana memoria per il controllo della popolazione e delle nazioni? Cosa potrebbe congelare i processi democratici e creare un terreno di shock, utile a portare avanti misure altrimenti improponibili? In questa inchiesta non si danno né sentenze né certezze ma si analizzano scenari e fatti che nessuno potrà smentire e che vi faranno vedere il Covid19 con occhi diversi.

E se 3 coincidenze formerebbero una prova, 31 dovrebbero quanto meno stimolare un dibattito".

Insomma, le premesse per grasse risate o per entrare nelle fila dei complottisti ci sono tutte: dipende dalla chiave di lettura adoperata.

Non bastava il **"piano Kalergi"**, e cioè la credenza secondo la quale esisterebbe un programma d'incentivazione dell'immigrazione africana e asiatica verso l'Europa per rimpiazzarne le popolazioni.

I complottisti in questa circostanza ci hanno messo molta fantasia, asserendo che *"Il Covid-19 non esiste, è tutta una copertura architettata per coprire i danni del 5G".*

In questo senso uno dei "capolavori" è **"Plandemic"**, di cui **Alessio Sgherza** su **La Repubblica** scrive: *"In un lungo video online diventato virale e in un libro appena pubblicato e subito tra i bestseller di Amazon, la nuova teoria mette insieme tutta una serie di bufale sul coronavirus in un disegno più ampio, quello di un piano dei ricchi del mondo che "hanno diffuso il coronavirus per aumentare i tassi di vaccinazione". Tra le varie affermazioni senza alcun* *supporto scientifico riportate nel video c'è l'idea che indossare le mascherine non solo non difende dal virus ma addirittura "è dannoso"; che chiudere le spiagge è un errore perché nell'acqua ci sono microbi guaritori. Nel video anche l'ipotesi che il numero dei morti sia stato gonfiato ad hoc per aumentare il controllo della popolazione"* [19].

Altrettanto simpatico è il servizio, restando in Italia, realizzato dalla trasmissione **"Le Iene"** il 5 maggio 2020[20], ancora reperibile in rete, in cui l'inviato **Gaston Zama** si confronta con una variegata umanità con idee piuttosto fantasiose sulla pandemia. Tra questi tal **Rosario Marcianò**, già alle cronache italiane per le teorie sulle scie chimiche, per il quale il Covid-19 non esiste e sarebbe stato studiato a tavolino sempre per coprire i danni provocati dal 5G. Per il quale, è vero, non si è accertata la non pericolosità e l'allarme è piuttosto alto, ma ricordiamo che già a partire dai primi cellulari non ancora Gsm si parlava di pericolosità, di tumori al cervello e altri danni. Circa 30 anni di uso del cellulare - parliamo dell'Italia – al momento non hanno dato riscontro dei pericoli paventati. E sì che siam passati alla rete GSM, al 2, 3, 4G e all'invasione di ripetitori. Marcianò, come tanti, parla della pericolosità delle microonde su cui viaggia il 5G suscitando, nello stesso servizio, la sonora ilarità della professoressa **Patrizia Caraveo**, direttrice dell'Istituto di Astrofisica spaziale e Fisica cosmica di Milano, che prova a spiegare come anche il wi-fi usi le microonde, dello stesso tipo di quelle del classico forno. La differenza starebbe nel fatto che il

---

[19] https://www.repubblica.it/esteri/2020/05/09/news/plandemic_complotto_pandemia_judy_mikovits-256158581/

[20] https://www.iene.mediaset.it/video/complottisti-covid-19-5g_775718.shtml

forno usa almeno 1 Kw di potenza, il modem wi-fi 0,1 watt, ovvero una potenza 10mila volte più piccola. Peccato che chi vuole che il Covid-19 serva a coprire i danni da 5G dimentica che tantissimi Paesi colpiti duramente dalla pandemia, come l'Iran, il 5G non sanno nemmeno cosa possa essere. Ancora, in Sardegna non ci sono affatto antenne 5G ma i contagi e i morti non sono mancati. E in Campania, per restare vicino, le antenne sono decisamente numerose ma la Regione è stata quella con il numero più basso di contagi e morti.

Piuttosto ha più conforto la teoria che la diffusione sia connessa alla distribuzione dell'inquinamento, per l'Italia notoriamente più alto nel Nord Italia, che non a caso sarebbe stato più duramente colpito.

Simpaticissima la teoria che coinvolge il miliardario **Bill Gates**, additato a correo di chi avrebbe "ordinato" la creazione del Covid-19 in laboratorio per poter poi usufruire dei proventi di un affare plurimiliardario realizzato attraverso la vendita dei vaccini, dopo aver messo ben bene in giro un clima di terrore che spingerà tutti a desiderare il vaccino.

Straordinariamente calzante alla situazione creatasi nel pieno dell'epidemia di Covid-19 è un brano tratto dal libro del professor **Antonio Martusciello** *"La rete, Manipolazione o pluralismo?"*, pubblicato nel 2019 per i tipi di Armando Editore.

Tratta di una importante componente umana, quella emotiva, che porta spesso a "vedere" una realtà falsata o del tutto immaginaria e rende creduloni verso notizie anche improbabili e inverosimili. Si tratta di uno stato di disagio che in condizioni particolari, come quelle di paura verso un nemico sconosciuto, rende estremamente fragili le persone e, in qualche modo, ne ottenebra completamente la capacità di discernimento. Lo riportiamo, lasciando a chi legge la constatazione che esso potrebbe essere stato scritto in questi mesi commentando situazioni che effettivamente sono state riscontrate durante il lockdown.

"In questo scenario si innesta poi un ulteriore elemento: il contagio emotivo. Una situazione di cui, in modo quasi paradossale, possono essere vittime addirittura le macchine. Era il 2016, quando il chatbot Tay, lanciato da Microsoft su Twitter, venne utilizzato per instaurare conversazioni automatiche. Questo, nonostante fosse stato programmato per imparare, e successivamente a rispondere con le proprie frasi, cercando di simulare un colloquio, ebbe vita breve poiché, inondato di insulti e commenti razzisti e cominciò a esprimersi negli stessi termini. Anche Tay era caduto vittima della Rete che si era approfittata delle sue modalità di apprendimento, insegnandogli messaggi fanatici... Se il contagio emotivo, realizzato persino in una macchina, era stato in grado di diffondere e ampliare l'hate speech, una situazione non dissimile si potrebbe verificare anche per quelle notizie non verificate. Come le onde di un sasso gettato in uno stagno si propagano, così può accadere per le (dis)informazioni. Del resto, se gli individui discutono prevalentemente all'interno di una cerchia di persone vicine ideologicamente, si producono due conseguenze strettamente collegate tra loro: si ricalcano le problematiche di esposizione selettiva, e si verificano ricadute non banali sulle modalità di costruzione del dibattito pubblico.

Alla stregua di quanto teorizzato da William H. Whyte negli anni '50, l'unanimità delle idee (il c.d. groupthink) prevale sulla valutazione realistica di quelle visioni alternative. A tal fine, alcuni studi pubblicati, da Agcom, nel 2018, hanno stimato il livello di polarizzazione ideologica dei cittadini italiani, rilevando come esso operi già a partire dalla selezione del mezzo. Analizzando il risultato del processo di separazione e frammentazione della popolazione in gruppi distinti, separati e non comunicanti tra loro, su tematiche divisive di natura politica, l'Autorità ha evidenziato come le piattaforme governate da algoritmi e le fonti editoriali online siano molto più utilizzate dagli individui con questa attitudine.

Il rapporto tra polarizzazione e azioni compiute sui social network dagli utenti, poi, consente un'ulteriore riflessione: più si agisce sulle piattaforme, più si accentua l'appartenenza a una determinata cerchia concettualmente orientata. Questo livello cala invece per quei soggetti che riducono le attività in Rete. Pertanto, coloro che, ad esempio, si limitano a cliccare sul link di una notizia o condividerne una "postata" da altri, o ancora esprimere apprezzamento, mostrano un grado minore di polarizzazione. Ne deriva che la posizione ideologica è influenzata già a priori dalla scelta del mezzo e tende a "viralizzarsi" a seguito delle azioni compiute sui social network dagli utenti più attivi e dal concomitante operare di algoritmi personalizzati. Ecco spiegate le modalità con cui si favorisce l'emergere di bolle concettuali. Nella dieta informativa di questi fruitori, infatti, la proporzione di coloro che interviene per "curare" la propria news feed è molto bassa. Secondo il Reuters Institute, nel 2017, solo il 17% del campione analizzato ha modificato la propria feed e seguito più di un editore o un user; il 18% ha cambiato il sistema al fine di mostrare meno contenuti da una determinata fonte e il 19% ha dichiarato di essersi adoperato per cancellare o bloccare talune notizie".

Un problema, quello appena evidenziato attraverso il testo del professor Martusciello, che ha agevolato in modo decisamente preoccupante il propagarsi di notizie che a pieno titolo rientravano nella categoria incriminata (al pari dell'epidemia inesistente dei negazionisti, categoria a cui recentemente si è aggiunto durante un convegno del luglio 2020 addirittura un personaggio come **Andrea**

Bocelli, che ha poi cercato di riparare con il solito "sono stato frainteso").

Ad ogni modo il fenomeno delle bufale, o fake-news se vogliamo usare il termine anglofono, non è certamente nato con il Covid e nemmeno negli anni di internet, come ancora un brano tratto dal citato libro del professor Martusciello ben chiarisce:

"Indipendentemente dalle origini, ciò che principalmente rileva è che uno strumento già noto fin dall'antichità, come quello della manipolazione, stia conoscendo una rinascita con l'ascesa dei social. Oggi molti dei limiti che impedivano alle notizie false di diffondersi nelle democrazie sono stati abbattuti dando a chiunque la possibilità di creare e propagare (dis)informazione. Il tradursi della circolazione di "bufale" in Internet e, soprattutto, la condivisione e circolazione indiscriminata sulle piattaforme online, ha comportato una capillare propagazione del fenomeno, attribuendogli una rilevanza prima inedita. Facebook e Twitter hanno permesso alle persone di interagire su una scala molto ampia, e il risultato, come ha titolato, già qualche anno fa, The Economist, è che questi media hanno amplificato le divisioni, rendendo in conclusione un pessimo servizio alla democrazia. La lista potrebbe essere lunga: dai paventati rischi, non scientificamente dimostrati, attribuiti ai vaccini, alle teorie complottistiche sulle scie chimiche lanciate nell'etere da svariate agenzie governative. Si tratta di un fenomeno che sfrutta la mancanza di un'educazione culturale e di ragionamento critico, l'assenza di un accertamento dei testi, proprio dell'analisi filologica. In altri termini, se la notizia falsa conferma il pregiudizio del lettore, allora è degna di autorevolezza e credibilità. «L'uomo è un animale sospeso fra ragnatele di significati che egli stesso ha tessuto». Ad alimentare l'information disorder sono, quindi, il narcisismo degli utenti e la loro brama di visibilità, ma anche la superficialità, in quanto si condivide ogni informazione, pur

se letta frettolosamente o per nulla. Se manca una cultura dei testi, le differenze non emergono ed essi appaiono tutti uguali. Ecco che, dinanzi a un contenuto pubblicato su un sito dall'aspetto, seppur vagamente, "giornalistico", privo di errori grossolani, per molti non vi sono dubbi: questo diventa "la notizia". A tal riguardo, uno studio sulla Limited individual attention and online virality of low-quality information ha dimostrato, che, più che la qualità del prodotto editoriale, un fattore rilevante nel determinare la viralità è la limitata attenzione individuale e l'information overload. Nel tentativo di educare il grande pubblico sui modi per evitare di cader vittima di fake news, un primo approccio è stato quello proposto nel 2017 dalla Biblioteca di Harvard che ha pubblicato "Fake News, Misinformation, and Propaganda". Lo strumento ha destato critiche per l'inclusione di un collegamento a una guida, la quale propone una indicazione di siti "sconsigliati". Questi sono articolati in base a una varietà di etichette: "clickbait," "bias," "political", "unreliable." Un esperimento che rievoca in chiave moderna l'index Librorum Prohibitorum: l'antica lista di pubblicazioni ritenute eretiche, bandite dalla Chiesa cattolica. Si tratta quindi di comprendere appieno i meccanismi di funzionamento di un mezzo — Internet — che, sebbene tanto distante dalle dinamiche di quelli tradizionali, sembra incarnare preoccupazioni già note".

La società e il SARS-CoV-2: cosa è cambiato con l'epidemia

Sono i bambini e gli adolescenti ad aver sofferto di più l'isolamento della pandemia. A sostenerlo il dottor **Stefano Vicari** dell'ospedale Bambin Gesù di Roma nel corso di un'intervista rilasciata al **TG5**.

«Disturbi del comportamento, con una certa dose di irritabilità, e disturbi del sonno in particolare» sono i problemi riscontrati come tra i più diffusi. Ad influire anche la impossibilità di andare a scuola e vedere insegnanti e compagni di classe, e l'essere rimasti a casa davanti a giochi elettronici per ore ed ore.

«La scuola - continua il dottor Vicari - *per un bambino, ma anche per un adolescente, ha soprattutto un significato di relazione, e sperimentare la nascita e il riconoscimento delle emozioni, ma anche scoprire sé stessi. È nel confronto con gli altri, infatti, che impariamo a riconoscerci».*

Ora il consiglio che viene dato è favorire quanto più possibile la vita all'area aperta e la ripresa delle relazioni sociali.

«Sicuramente alcuni di loro faranno fatica a riprendere i ritmi di prima. Molti, avendo sperimentato questa chiusura forzata si sentiranno inibiti nell'uscire. Non bisogna costringere bambini e adolescenti a uscire, ma piuttosto incoraggiarli al massimo e favorire attività divertenti». Ma se i più giovani hanno sofferto tanto, che ne è stato degli adulti? Sull'argomento ha indagato, e non poteva non sfruttare questa occasione, l'**Istat**, che ha analizzato il

periodo dal 5 al 21 aprile 2020. Significativo il titolo della relazione conclusiva: *"Più tempo per cura dei figli, tv e musica, relazioni sociali e attività creative"*[21].

L'Istituto di Statistica riferisce che *"Un terzo dei cittadini si è svegliato più tardi rispetto a prima del lockdown e un quinto ha dormito di più. Ad approfittarne sono stati gli uomini più delle donne. Tra le attività di lavoro familiare la preparazione dei pasti ha coinvolto il 63,6% dei cittadini (l'82,9% delle donne, il 42,9% degli uomini).*

La cura dei figli è l'attività che più frequentemente delle altre ha fatto registrare un incremento del tempo dedicato abitualmente, in particolare per il 67,2% di coloro che l'hanno svolta, mentre per il restante 29,5% non ci sono state variazioni".

A ricorrere alle videochiamate per restare in contatto con i propri parenti una percentuale pari al 62,9% degli italiani, facendolo per molto più tempo di quello dedicatovi in tempi "normali".

"Uno sguardo complessivo su come i cittadini hanno utilizzato il loro tempo in un giorno medio della Fase 1 restituisce l'immagine di una giornata comunque ricca e varia. Ordinando le attività in base alla percentuale di cittadini che le svolgono, al di là delle attività fisiologiche (dormire, mangiare, lavarsi, ecc.) che sono comuni a tutti, il dato che emerge con evidenza è che la quasi totalità della popolazione è riuscita a dedicarsi ad attività di tempo libero (98,3%). Il 76,9% ha svolto lavoro familiare (pulizia della casa, cura dei conviventi, ecc.). Solo il 28% è uscito per vari motivi (passeggiata, andare a lavoro, a fare la spesa). Ha lavorato il 16,7% della popolazione e studiato l'8% (quota che sale al 61,9% tra gli studenti di 18 anni e più)".

---

[21] https://www.istat.it/it/archivio/243829

I social ci hanno restituito decine di immagini e filmati che trattavano in modo goliardico l'approccio con il cibo, diventato una sorta di sfogo secondo i post su facebook e instagram soprattutto. È un fatto reale registrato anche dall'Istat? *"Per quanto riguarda il consumo dei pasti - si legge nella relazione - anche se oltre i due terzi dei rispondenti non hanno riscontrato variazioni nel tempo dedicato, più di un cittadino su quattro (27%) ritiene invece di avere impiegato più tempo per fare colazione, pranzo o cena. I pasti sono diventati momenti conviviali anche nei giorni feriali a fronte della presenza della famiglia al completo più spesso che in altri periodi. La quota di quanti hanno dedicato più spazio a queste attività rispetto al periodo precedente è più alta tra i più giovani (41,8% tra i 25-34enni) e decresce con l'età. È interessante notare che un quarto della popolazione ha dichiarato di aver mangiato maggiori quantità di cibo e sono proprio i più giovani ad averlo fatto di più (39,5%)"*. Sono 3,7 milioni quelli che hanno lavorato da casa nella giornata tipo ricavata dall'Istat: infatti, *"hanno lavorato circa 8 milioni e 400mila persone"* e, di questi, 3,7 milioni lo hanno fatto da casa. Quanto al totale degli attivi, *"si tratta di una quota dimezzata rispetto a quella rilevata nel corso di indagini analoghe"* pre-pandemia: meno di due su dieci invece del 34%. Dall'Istat precisano che le cifre non sono comparabili con quelle di altre rilevazioni sull'occupazione. Anche lo sport non è stato trascurato: il 22,7% degli italiani, senza differenze di genere, si è dedicata ad attività ginniche svolte in casa. Ancora, *"La TV, vista dal 92% dei cittadini, si conferma la compagna di viaggio soprattutto nei momenti più difficili e per le categorie più vulnerabili: i livelli i più elevati si sono osservati tra la popolazione anziana di 65 anni e più che, nella quasi totalità dei casi, ha fruito di questo mezzo di comunicazione (96,2% dei casi)"*.

Epidemia e comunicazione sociale e interpersonale

Sono storie anche drammatiche quelle che vi stiamo per riportare. Senza pretesa di essere stato preso con criteri scientificamente statistici, questo campione selezionato ha cercato di rappresentare una fascia significativa della popolazione italiana, offrendo a questo lavoro il contributo di come ognuno degli intervistati abbia vissuto il lockdown, che problemi abbia eventualmente incontrato, se per il soggetto sia cambiato qualcosa a livello umano o lavorativo nel periodo immediatamente successivo alla fine del forzato periodo di distanziamento sociale.

Andiamo a scoprirle insieme …

Condannati a chattare: il rapporto interpersonale durante il lockdown

Il primo caso di cui ci occuperemo, come riportato nelle premesse introduttive a questo lavoro, è quello di **Federica**, giovane titolare del centro estetico "*La Florida*", che grazie alla sua capacità professionale è riuscita sia a decollare in breve tempo che a stringere, in tanti casi, con i suoi clienti, in stragrande maggioranza donne, un rapporto interpersonale privilegiato che le ha consentito di poter raccogliere una serie di esperienze e confidenze sui problemi più significativi vissuti dalle sue clienti durante il lockdown della fase1.

- **Federica, partiamo da te, innanzitutto: tu rappresenti una categoria di lavoratori particolarmente colpita dalla pandemia. Come hai vissuto questo periodo, che tipo di danni hai subito e cosa, alla ripresa, è cambiato nel tuo modo di operare e di interfacciarsi socialmente con i tuoi clienti?**

«Questa emergenza sanitaria è stata un vero e proprio shock senza precedenti, che mi ha lasciata interdetta. I danni economici sono stati rilevanti, anche per una piccola attività come la mia, per non parlare dei danni emotivi. Per quanto riguarda il mio modo di operare ed interfacciarmi con la clientela è cambiato sostanzialmente poco, in quanto nella mia professione l'attenzione verso il cliente è già di per sé molto elevata, sia a livello igienico-sanitario che anche a livello psico-fisico. Ho dovuto adottare ulteriori misure di protezione come lo schermo facciale e i dispenser di gel

](#)

igienizzante. Invece i disinfettanti, le mascherine e il materiale monouso erano già parte integrante del mio lavoro già prima. Mi sono adeguata al protocollo di sicurezza per la mia categoria, esponendo vari cartelli informativi sia all'interno che all'esterno del mio locale e facendo firmare un'autodichiarazione sullo stato di salute ai clienti. Nel rapporto sociale con la clientela mi sono dovuta adeguare evitando strette di mano, saluti e baci, mantenendo quanto più possibile la distanza di sicurezza».

- Hai avuto necessità di apportare modifiche tecniche al tuo locale? Se sì, quali?

«Non ho dovuto fare grandi cambiamenti tecnici al mio locale, in quanto era già in buona parte idoneo alle nuove normative di sicurezza. Ho dovuto fare poche modifiche nella zona d'attesa e ricevimento, distanziando le sedute ed eliminando il portariviste, collocando vari dispenser di gel igienizzante ed eliminando mobili ed oggetti superflui che potevano venire a contatto con la clientela».

- Alla ripresa hai applicato degli aumenti alle tue tariffe? Se sì in che misura e perché?

«Non ho applicato nessun tipo di aumento al mio listino prezzi. Anche se per adeguarmi alle nuove norme di sicurezza i miei costi di gestione sono aumentati, ho scelto di non aumentare i miei prezzi per andare incontro alla mia clientela in questo momento così difficile per tutti, e cercare così facendo, di agevolare la ripartenza».

- L'estetista, come categoria, particolarmente se è una persona solare finisce per intrecciare rapporti sociali con i suoi clienti che le consentono di accedere, in un modo o nell'altro, alla vita sociale e familiare dei suoi clienti. Che cambi hai potuto osservare nelle loro vite e nel loro modo di rapportarsi

socialmente, e, soprattutto, hai avuto conoscenza di particolari situazioni, anche drammatiche, derivate dall'isolamento pandemico?

«Personalmente ho instaurato un rapporto abbastanza confidenziale con quasi tutti i miei clienti. In questo periodo di ripartenza ho potuto ascoltare vari aneddoti riguardo il periodo di quarantena. Quasi tutti mi hanno raccontato del disagio provato nel periodo di lockdown, dovuto all'impossibilità di far visita alle persone care e al fatto di non poter uscire e muoversi fuori di casa liberamente. In generale ho notato sentimenti contrastanti, dove da una parte c'è timore per il protrarsi della presenza di questo virus e la possibilità di una nuova ondata di contagi, e dall'altra c'è la voglia di riprendere la propria routine e ritrovare un po' di normalità e serenità. Ma ho sentito anche storie veramente drammatiche: è il caso del marito di una mia cliente, che, lavorando senza regolare contratto e con tre figli a carico, a causa dell'emergenza sanitaria si è ritrovato in serie difficoltà non potendo svolgere neanche lavori saltuari. Nella fase iniziale, in assenza di sussidi e sostegni economici, ha potuto contare sull'aiuto materiale dei vicini di casa e delle associazioni di volontariato. Pochi giorni dopo il termine del lockdown, per fortuna, è stato assunto nuovamente dalla ditta per cui lavorava, ma questa volta regolarmente, e questo ha dato alla mia cliente e a tutta la famiglia una serenità che davvero era a questo punto necessaria.

Ancora, proprio per il rapporto particolarmente confidenziale con la mia cliente, dovuto anche ad un'età abbastanza vicina alla mia, ho raccolto la storia della famiglia di una nota e apprezzatissima pasticceria cittadina. Da quella attività prendono il sostentamento quattro famiglie diverse: i due genitori, ormai abbastanza anziani, e tre figli, tutti sposati. È una pasticceria che per reggere la concorrenza — a volte spietata — del settore, lavora con ingredienti di alta qualità ma con prezzi tutto sommato competitivi. Bene, proprio la mia cliente, la più giovane della famiglia, oltre ad essere mamma di un bimbo piccolo aveva fatto spese importanti poco prima del lockdown: è arrivata al punto da non poter mettere il piatto a tavola e, se ricordo, ancora mi commuovo per la telefonata disperata di sfogo che mi fece a ridosso di Pasqua, dopo aver inutilmente tentato di ottenere dal Comune l'autorizzazione a poter lavorare le loro colombe artigianali per poterle poi consegnare a domicilio. Era praticamente l'ultima spiaggia di questa cliente che — come forse si intuisce dal contesto — è anche una cara amica e che tutto voleva tranne che ricorrere, per il burbero carattere dei genitori, al loro aiuto economico: temeva, ed infatti poi è successo, di essere rimproverata aspramente sull'inopportunità di far spese quando non si ha da parte una sorta di tesoretto per le emergenze. Ora per fortuna, con la fase 2, è tornato il sereno».

Dichiara invece di aver letteralmente "consumato il telefono" **Gabriella**, una 25enne studentessa universitaria di Scienze della Comunicazione, che dopo aver sempre ritenuto stupidate le videochiamate vi ha fatto un gran ricorso nel periodo di "detenzione domiciliare", sostenendo alla fine che le hanno permesso di riscoprire e valorizzare rapporti che aveva in qualche modo accantonato.

Ci parla invece della sua esperienza di smart working **Nello**, classe 1995, alle prese con il percorso della specialistica in Corporate Communication & Media all'Università di Salerno: «*Collaborando con una testata giornalistica online, ero già abituato a lavorare spesso al pc. Nel periodo di quarantena tutto il lavoro è stato esclusivamente svolto in smart working. Diversi sono stati i vantaggi, tra cui la possibilità di ritrovarsi comodamente in postazione anche in pigiama e senza problemi di orario. Le difficoltà sono state relativamente poche e tutte legate quasi esclusivamente al sovraccarico di linea. Per ciò che concerne* *corsi ed esami universitari online, invece, i problemi sono stati maggiori, soprattutto per lo svolgimento delle prove scritte e per il posizionamento delle fotocamere attraverso cui poter dimostrare che non ci fossero irregolarità».*

Non meno drammatica e interessante, anche per cogliere le paure della fase2 l'esperienza di **Rosalba**, 52enne impiegata come addetta alla contabilità presso un'azienda che realizza e vende spago, corde, funi e reti.

«"Come hai trascorso la quarantena" è proprio un bell'argomento per me! È stato un periodo più difficile che per altri, perché la mia è stata la quarantena di una persona single che assiste un malato allettato in casa, oltre naturalmente al lavoro e quella che è la vita di tutti i giorni. È stata davvero dura perché sono venuti a mancare i rapporti umani, che nella normalità possono essere importanti. Nel caso specifico nel momento che io sto vivendo hanno un'importanza indescrivibile, perché poter parlare con qualcuno, poter sentire la presenza di qualcuno nel momento in cui ti senti solo e non sai come affrontare un problema, quale decisione prendere, come comportarti, non ha prezzo! Mi è mancata la presenza di qualcuno forse non ti dà neanche un consiglio giusto, ma l'importante conferma che non sei sola.

È ovvio che in questo contesto per me hanno assunto valenza vitale i social, ai quali normalmente non ricorro se non saltuariamente. Diventava indispensabile il messaggino su WhatsApp, la telefonata, la messaggistica di Facebook che comunque non hanno riempito la mia carenza di rapporti umani, anche se erano l'unica via di contatto che mi ha permesso di non impazzire nella drammatica situazione umana che stavo vivendo.

A peggiorare ancora le cose l'azienda per cui lavoro: è stata definita come attività non principale e quindi è stata chiusa. Telelavoro? Parola sconosciuta nella mia azienda!

Quando poi sono rientrata è stato davvero difficile, perché avevo circa due mesi di lavoro arretrato. Poi, come c'era da attendersi, per l'obbligo di mascherine e guanti, di stanze separate, per la preoccupazione di non toccarsi e non usare le stesse penne, a un certo punto siamo andati in paranoia!

L'unica cosa che ho fatto è stata quella di mettermi a lavorare duramente, come so fare, perché questo per me è anche periodo di chiusura bilancio.

Devo dire che per quanto riguarda il lavoro ho recuperato e oggi sono aggiornata all'ultima settimana, cosa che va benissimo.

Per quanto riguarda i rapporti umani funziona un po' meno, nel senso che siamo tutti molto più molto più chiusi, molto più isolati. Prima prendevamo il caffè insieme durante la pausa, scambiavamo qualche chiacchiera. Invece adesso ognuno nel suo ufficio e le colleghe che sono in tre nello stesso ufficio lavorano costantemente con mascherina e guanti, perché hanno in comune varie cose. Io, stando sola nel mio ufficio, sono abbastanza tranquilla, perché disinfetto al mattino quando arrivo, uso le mie cose. Ma è diverso ... Sembra che a non essere stati disinfettati bene siano i rapporti tra colleghi. Siamo rimasti un po' distanti ... Io ero abituata a salutare con abbracci e baci e adesso mi sembra sempre di aver visto una persona a metà, senza contatto, e questa cosa mi fa sentire veramente strana».

Il disagio non ha avuto "effetti diversificati" in base al ceto sociale o alla formazione culturale, come dimostra il racconto di **Maria**. Lavora all'ISAFom, l'istituto del Cnr che si occupa di studio e analisi dei processi fisici, chimici e biologici che determinano il funzionamento e la dinamica degli agro-ecosistemi negli ambienti a clima mediterraneo. È psicologa come formazione, anche se si occupa di altro nell'istituto.

- Dal punto di vista umano, familiare e lavorativo cosa è stata per te la quarantena?

«Inizialmente l'abbiamo presa bene, ignari di cosa stesse succedendo e della gravità della situazione. Io vedevo il Paese Cina così lontano da noi che, di fronte alle prime limitazioni, mi sono rilassata e riposata. Poi piano piano che ho preso coscienza di quello che stava succedendo, la preoccupazione e la paura hanno inciso sul mio benessere psicofisico. La costrizione a stare a casa, la privazione della libertà e della quotidianità sono state le cause del mio stress, che ha raggiunto livelli altissimi. Mi sentivo stanca pur stando a casa. Dopo due settimane di riposo, il lavoro doveva andare avanti e ho iniziato lo smart working, con i suoi lati positivi e negativi.

Inizialmente è stato difficile, per mancanza di dati sufficienti sui portali, e a causa di persone che non avevano neanche il pc a casa. Tutto a rilento! Quando i tempi si sono allungati gli altri colleghi si sono dovuti adeguare per forza di cose. Dopo un paio di settimane tutto il lavoro arretrato è stato recuperato e si lavorava anche di più, senza un inizio e una fine. A volte anche alle 22 si rispondeva a qualche collega. Se dovessi parlare di vantaggi posso dire che il tempo che si utilizza normalmente per gli spostamenti è stato impiegato per lavorare. Agli svantaggi ho già in parte accennato: venivi contattata senza orari dalle 7:30 del mattino alle 24.

Per quel che riguarda i rapporti sociali possiamo dire che sono riuscita a vivere diversi aspetti del problema, anche piacevoli: con i figli, ad esempio, sembra che il tempo non basti mai! Da diversi anni non facevo la mamma a tempo pieno e questo è stato per me l'unica cosa bella che conservo di questa quarantena. Poter fare attività con loro che non avrei mai immaginato, impastare il pane così come i dolci, fare l'insegnante, dedicarsi ad attività ludiche con loro. Ho riscoperto come impegnare il tempo libero con i figli.

Per quel che riguarda il rapporto con mio marito debbo fare una premessa: lui, essendo un calciatore, dal giorno 8 marzo non lavora più, non ha più un contratto *lavorativo. Padre con due figli, ancora oggi è a spasso. Detto questo posso assicurare che con lui è stata invece una dura prova, quella di questi tre mesi 24 ore insieme, tutti i giorni della quarantena.*

In 21 anni è stata la prima volta che siamo stati insieme 24 ore per 3 mesi. Il rapporto ha iniziato a diventare pesante, essendo gli unici a potersi parlare faccia a faccia. Ma appena siamo usciti di casa tutti quegli attriti sono per magia scomparsi. I social utilizzati a tempo pieno era l'unico contatto che avevamo con il mondo, le mancanze dei legami familiari sono state rimpiazzate con videochat a go-go».

Il disagio di coppia di Maria non è stato affatto un caso isolato, come ci conferma **monsignor Francesco Alfano**, arcivescovo della diocesi di Sorrento e Castellammare di Stabia, con il quale più avanti discuteremo della prima volta nella storia che ha visto chiudere i luoghi di culto di tutte le confessioni religiose: «*Abbiamo vissuto nel periodo del lockdown situazioni diverse – ci dice - Qualcuna delle famiglie si è rivolta ai nostri centri ascolto mettendo in evidenza quel che accadeva, ma sappiamo in realtà i casi sono molti di più. In realtà abbiamo scoperto che in tanti casi la tensione in famiglia non era fin lì scoppiata semplicemente perché tra lavoro e vita sociale alla fine non ci si incontrava in casa. Stare per forza in casa ha visto esplodere numerose le violenze familiari, per le quali abbiamo cercato in alcuni casi di intervenire, almeno dove ne siamo venuti a conoscenza. Ma è vero anche – di contro - che in altri casi alcune famiglie si sono ritrovate, riscoprendo nella convivenza forzata valori semplici dimenticati da tempo».*

Non può mancare in questa analisi della situazione pandemica l'esame del risvolto sulla psiche. Lo abbiamo fatto grazie ad un breve estratto di una videoiniziativa del giornalista de "**Il Mattino**" **Davide Speranza**, dal titolo *#VisioniFuture*: un ciclo di colloqui con diversi ospiti su temi legati al dopo Covid.

Al dottor **Walter Di Munzio**, psichiatra, direttore del Dipartimento di Salute Mentale (DSM) dell'ASL Salerno ambito centro e sud e docente di "Valutazione della Qualità dei Servizi in Psichiatria" presso la scuola di specializzazione in Psichiatria della Seconda Università degli Studi di Napoli, è stato chiesto:

\- **Cosa ha provocato e cosa sta provocando la pandemia di Covid-19 nella società civile?**

«Partiamo da un fatto concreto. Gli ammalati del nostro dipartimento sembrano non aver riportato nessuna conseguenza dalla reclusione forzata. Un fatto che io ho interpretato come normalità paradossa perché, prima della riforma, l'isolamento era per loro la normalità. Ed ora che stanno tornando alla situazione di normalità essi stanno ritornando ad una "normale anomalia" affollando nuovamente i nostri centri e chiedendo supporto medico e farmaceutico. Questo per dire che per la società il lockdown è stata una vera "esperienza di internamento", che potrebbe essere un fatto positivo se riuscisse a far aumentare il nostro livello di consapevolezza e comprensione di alcuni fenomeni. Rischia però, quando si torna velocemente a una condizione precedente "di normalità", di non servire a nulla se non ci fermiamo un attimo a capire questo fenomeno. Come si fa questo? Ragionando su questa esperienza vissuta collettivamente cercando di trarne tutto quello che è possibile, in termini di insegnamento. Ma penso sia difficile che questa esperienza rimanga a lungo dentro di noi, ed anzi a breve inizierà un fenomeno di rimozione di massa e qualcuno dirà che la pandemia è stata "inventata" per motivazioni politiche».

Per il dottor Di Munzio le violenze dei giovani di questo periodo, ma anche quelle crescenti della polizia negli Stati Uniti, sono il tipico effetto collaterale del fenomeno di rimozione: *«Anche se negli Stati Uniti*

– aggiunge – *in realtà la rimozione è iniziata ancor prima che iniziasse il fenomeno, perché l'uomo più potente del mondo, il presidente degli Usa, appunto, fino a poco tempo fa negava il fenomeno, diceva che non esisteva e che era tutta una fantasia montata per fargli perdere le elezioni. Siamo alla follia pura! Eppure una cosa del genere aveva trovato accreditamento tra gli americani. Come si uscirà da questo gigantesco stress-test che ha riguardato il mondo intero è un fatto prettamente soggettivo. Ci sarà chi ne uscirà con maggiore consapevolezza di alcuni valori, quelli che abbiamo sperimentato durante il lockdown, e chi tornerà velocissimamente alla sua normalità, a quello che faceva prima, rimuovendo, come abbiamo detto, l'accaduto: dipende dalla qualità delle persone che elaborando questa situazione. Lo stress-test che abbiamo subìto è come un lutto: va elaborato, perché se lo lasci lì ti distrugge e passi la vita a pensare a quello che hai perso. Se invece lo elabori e ne ricavi una serie di insegnamenti – che da simile esperienza si possono ricavare – riesci a introdurre degli elementi di innovazione e miglioramento nelle relazioni umane e della qualità della vita, di conseguenza».*

Panoramica della situazione italiana: il digital divide esiste?

Il 3 marzo 2015 il Governo italiano ha approvato il "**Piano nazionale Banda Ultra Larga**" e il "**Piano di Crescita Digitale 2014-2020**" con l'obiettivo di colmare il significativo ritardo dell'Italia sul fronte delle infrastrutture e dei servizi digitali, in coerenza con l'Agenda Digitale Europea che fissa gli obiettivi per la crescita digitale degli Stati dell'Unione Europea.

L'obiettivo della strategia italiana per la banda ultra larga è quello di garantire al 100% dei cittadini l'accesso alla rete internet a una velocità di almeno 30 Mbps (banda larga veloce), coprendo nel contempo l'85%

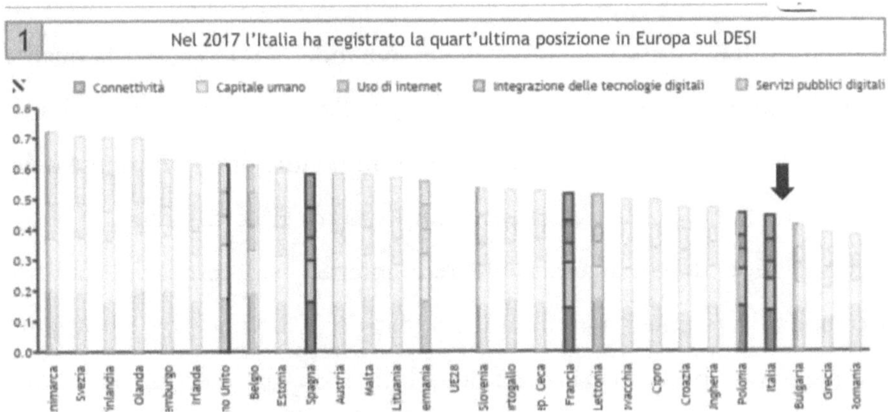

della popolazione con infrastrutture in grado di veicolare servizi a velocità pari o superiore a 100 Mbps (banda larga ultraveloce)[22].

In verità, la situazione pare essere molto lontana dal divenire quella prospettata sul sito di E-distribuzione spa. L'Italia nel 2017 è risultata al quart'ultimo posto in Europa[23] rispetto ai parametri del **DESI**, il "Digital Economy and Social Index" con cui la Commissione Europea valuta lo stato di avanzamento degli Stati membri dell'UE verso un'economia e una società digitali. Si tratta di 34 indicatori complessivi, valori normalizzati, comparabili e aggregabili, ed è stato introdotto nel 2015 come subset di indicatori della **Digital Agenda Scoreboard** (DAS). Consente il confronto delle performance digitali dei Paesi europei focalizzandosi su 5 temi chiave, ed oltre al benchmarking consente di verificare lo sviluppo digitale dei Paesi UE nel tempo.

Una delle pecche maggiori nell'indagine 2018 è quel parametro che Desi chiama "**dimensione del capitale umano**", e che è calcolata come media ponderata delle due sottodimensioni date dalle competenze dell'utente Internet e dalle Competenze e sviluppo avanzati. L'Italia non brilla dunque per la banda ultralarga, per la qualità degli utenti, come messo in evidenza, per l'utilizzo della rete a fini di informazione, per la quantità di fatturato in regime di e-commerce delle PMI, e per l'utilizzo del digitale nel rapporto tra PA e cittadino.

Le mappe di copertura della rete internet sul territorio italiano, fornite dall'Agcom ed aggiornate al 5 maggio 2020, che non riportiamo perché andrebbero visualizzate a colori e su dimensione adeguata,

---

[22] https://www.e-distribuzione.it/progetti-e-innovazioni/banda-ultra-larga/Contesto_di_riferimento.html
[23] Giulia Marchio, COMTem Agenda Digitale, "Come misurare la Smart City", Politecnico Milano, 2018

mostrano che sicuramente passi significativi in avanti sono stati compiuti, ma siamo ancora davvero lontani dai livelli ottimali di disponibilità di banda ultralarga di cui si parla in Europa. Ma per le linee fisse hanno ancora ampi spazi le connessioni in rame con velocità anche inferiori a 1,5 Mbits/s.

Analizzando invece la mappa delle segnalazioni dell'utenza sugli impianti di connettività che coniugano il fisso con il wireless, ci rendiamo conto che le lagnanze sono davvero numerose.

Sembra decisamente migliore la situazione della connettività mobile, grazie alle reti 4G, che hanno una copertura piuttosto ampia, ma spesso insufficiente ad assicurare prestazioni adeguate al momento in cui ve ne è necessità, come le ingenti richieste del periodo del lockdown.

Il digital divide, alla fine, per l'Italia, e particolarmente per alcune zone del Centro Sud, anche se falle importanti non tralasciano quasi alcuna regione del Paese, è ancora una realtà.

Non è possibile rinviare il completamento di una rete capace di eliminare le carenze che la pandemia di Covid ha impietosamente evidenziato. Una rete ben ingegnerizzata per poter offrire alla PA, alla scuola, alle imprese da un lato, e ai cittadini dall'altro, una qualità e quantità di connessione disponibile che sia davvero adatta a fronteggiare ogni tipo di richiesta e, nel contempo, conservi quella riserva di sprint per richiesta eccezionali. I dati relativi all'ultima rilevazione Agcom, come ce le riporta agendadigitale.eu[24] (giugno 2018, con modalità dettagliate, basate su 360mila sezioni censuarie),

---

[24] https://www.agendadigitale.eu/infrastrutture/copertura-banda-larga-cosi-funziona-la-mappa-agcom-con-laiuto-degli-utenti/

dicono che **il 5,6 per cento della popolazione circa non ha copertura Adsl** (dato che potrebbe dimezzarsi se includiamo la copertura fixed wireless access, di cui però non ci sono mappe ufficiali), a cui si può sommare **un 2,37 per cento di persone che è sì coperto ma non arriva a 2 Megabit.**

La copertura da 30 Megabit in su (**Vdsl2-fibra** fino agli armadi o fibra nelle case) è del 60,6 per cento. Si noti che altri dati divulgati sono più generosi perché basati su metodologia aggregata-approssimata.

La banda ultralarga di livello maggiore (500-gigabit) copre il 10,4 per cento della popolazione. I dati scendono se si considera la copertura su numeri civici: 92 per cento **Adsl**, 57,7 per cento su **Vdsl**[25], 29,3 per cento in **Evdsl**[26], 4,5 per cento su **Ftth**[27].

---

[25] Acronimo di "*Very-high-bit-rate digital subscriber line*". Indica una tecnologia di comunicazione xDSL via cavo che permette di ottenere performance di velocità superiori al predecessore ADSL

[26] EVDSL (*Enhanced VDSL*) potrebbe essere definita la massima espressione della FTTC (la connessione *Fiber To The Cabinet*, ovvero "fibra fino all'armadio"): la banda complessiva per download e upload raggiunge picchi di 400 Mbps. L'infrastruttura fisica sottostante, però, è identica a quella della VDSL.

[27] Sta per *Fiber To The Home* e indica l'opzione più veloce. Con la tecnologia FTTH l'utente ha accesso alla fibra ottica direttamente a casa sua, con prestazioni elevatissime.

WebTv, operatori OTT, IpTv: quando il progresso diventa un ostacolo

Viviamo in un mondo che ha inseguito e perfezionato sempre più ogni possibile innovazione che permettesse di vedere la Tv come e quando ci andasse farlo e di scegliere anche cosa vedere.

All'improvviso questa possibilità è diventata, in questo periodo di lockdown, un problema, e tutt'altro che di importanza secondaria. Ce ne hanno parlato diverse fonti, particolarmente nel mese di marzo 2020 ed in parte in quello di aprile: internet, all'improvviso, cominciava a rallentare troppo. I motivi non sono difficili da intuire: da un lato l'aumento iperbolico dell'uso dei social, con scambi di messaggi e videochiamate, dall'altro le esigenze di chi era in smart working, e che necessitava di collegamenti veloci ed affidabili; e ancora, ma non in modo esaustivo, le esigenze delle scuole che all'improvviso hanno dovuto scoprire la Didattica a distanza, o DAD, come vedremo nel capitolo apposito dedicato a quest'argomento. Ma a dare il vero e proprio colpo di grazia gli operatori **OTT** e le **webTV**, oltre che le Iptv. Cosa sono? Andiamo a vederlo con esempi significativi. Le webTv sono quelle che trasmettono, come si intuisce dal nome, esclusivamente attraverso la rete, sia in diretta che con contenuti a richiesta, e la massima parte di chi trasmette attraverso questo mezzo ha come destinatario un pc o uno smartphone. Per comprenderci, Youtube rappresenta la piattaforma in assoluto più usata per questo tipo di trasmissioni. Raramente hanno loro siti di streaming, che (come tutto ciò che è su web) può essere trasportato in tv da chi ne ha uno di classe smart o vi collega una di quelle apposite scatolette con sistema operativo Android. Poi ci sono gli operatori OTT (acronimo di **over-the-top**, tradotto "sopra le righe" ma qui nel senso di indipendente dall'operatore internet attraverso cui passa il segnale). Ott sono definite tutte quelle media company che offrono servizi e contenuti direttamente via Internet, ovvero aggirando ed ignorando sistemi di distribuzione tradizionali come il digitale terrestre o il satellitare nel caso della TV. Sono operatori Ott, per intenderci, non solo piattaforme televisive come **Netflix** o **Prime**, ma anche servizi di messaggistica come **WhatsApp** o **Telegram**, e servizi voce /video come **Skype**. Il solo fatto di leggerne i nomi e ripensare a quanto li abbiamo usati durante la quarantena ci fa già avvicinare al problema, e lo faremo anche noi, ma non senza aver parlato brevemente anche di IPTV, ovvero di distributori di contenuti, anche a richiesta, attraverso la rete internet che però, a differenza degli Ott e delle web tv che usano la modalità *best effort* (miglior sforzo, ovvero al meglio della banda disponibile al momento), usano precisi e garantiti standard di qualità per il loro servizio.

Bene, siamo al punto. La Commissione Europea, a marzo, è intervenuta con decisione quando si cominciava a parlare di un calo delle prestazioni superiore al 10%, chiedendo ai servizi di streaming, come Netflix e YouTube, di limitare la qualità dei video per lasciare spazi a servizi più importanti come la didattica a distanza e lo smart working, per citarne due.

La "pesantezza" della situazione è ben descritta in un articolo dell'**Agi**[28] che riportiamo di seguito. La sua data è 22 marzo 2020, quindi in un momento particolarmente significativo della fase1:

"Con milioni di persone costrette in casa per l'emergenza coronavirus, le infrastrutture che permettono di navigare su internet sono sempre più sotto pressione. Telelavoro, videolezioni, giochi online e streaming sono il nuovo quotidiano per una porzione sempre più ampia di italiani. E questo si traduce in una crescita esponenziale della richiesta di internet in queste settimane.

*Finora la rete ha retto e il rischio di un collasso sembra essere scongiurato. Ma sono chiari i segni di un diffuso rallentamento della rete che **Ookla** - tra le principali società che offrono la possibilità di testare la velocità della connessione - calcola intorno al 10%. Molti operatori hanno registrato un forte incremento del consumo di internet durante queste settimane di emergenza. Secondo gli ultimi dati forniti da **Fastweb** all'Agcom i momenti di picco si sono innalzati del 40%.*

*Il **Centro studi Tim** ha registrato un aumento dei volumi sulla rete fissa del 90% e del 30% su quella mobile dall'inizio della crisi a oggi. Leggermente più contenuto quello registrato su rete fissa da **Vodafone** (55%) e mobile (30%). **WindTre** ha registrato, rispetto alla situazione pre-crisi, un aumento del traffico sul mobile di circa il 35%, sul fisso di oltre il 40%. Mentre **Open Fiber** stima che il traffico in download sia aumentato dal 40 al 70% (in base alla città, al numero di utenti collegati e al momento della giornata) mentre quello in upload addirittura del 300%.*

---

[28] https://www.agi.it/economia/news/2020-03-22/coronavirus-internet-7762325/

Quest'ultimo dato, spiegano, è particolarmente significativo ed è spiegabile con il massivo ricorso in tutto il territorio nazionale allo smart working. Dati che confermano lo stress cui infrastrutture e operatori sono sottoposti in questi giorni. Durante la clausura, gli italiani telefonano, navigano, ma soprattutto guardano e giocano molto di più.

Solo Fastweb registra che per quanto riguarda la rete fissa, il volume di dati complessivo giornaliero si attesta di solito intorno a 10-12 PetaByte[29]. In questi giorni ha raggiunto invece i 18-20 PetaByte.

Il test di tenuta più importante però non è il traffico totale ma l'intensità del picco. Se si regge quando arriva l'onda anomala, si riesce a gestire anche tutte le altre. Ed è quindi questo il dato che più racconta la singolarità del momento: i picchi, che di solito si fermano a 2,8 terabit al secondo, si sono arrampicati a 3,9 terabit al secondo (quasi il 40% in più).

Inoltre, come hanno evidenziato molti operatori, nel tempo - ed in particolar modo nel periodo di lockdown - insieme all'incremento del volume è cambiata la composizione del traffico. Hanno pesato sempre di più streaming e videogiochi, mentre la semplice navigazione e lo smart working per ora hanno un peso più gestibile. In termini di volume di dati giornalieri, il traffico video è cresciuto del 30% e rappresenta la metà del totale. Ancora più imponente è stata l'espansione dei videogiochi: il traffico è quadruplicato, fino a costituire il 15% del totale.

Sono questi i fattori che hanno convinto la Commissione europea a chiedere (e ottenere) da alcune piattaforme di streaming la riduzione delle qualità video: Netflix ha risposto riducendo il bitrate (cioè la velocità e quindi la qualità di riproduzione) in modo da tagliare un quarto del proprio peso sulle reti europee per 30 giorni. E

---

[29] Un Petabyte corrisponde a 1 milione di Gigabyte

anche Youtube ha adottato misure simili. La Commissione si è rivolta però anche agli utenti (per convincerli a usare meno dati mobili e, quando possibile, qualità di riproduzione più bassa) e agli operatori.

C'è da dire che gli operatori al momento non segnalano particolari criticità. Ma è un fatto che questa situazione di eccezionalità ha portato molti più italiani a connettersi alla rete, e a farlo più di frequente, utilizzando servizi online che fino a poco tempo fa mai avrebbero pensato di dover usare.

Una alfabetizzazione forzata alle tecnologie digitali che si riflette in una maggiore richiesta di connessione. Internet dovrebbe riuscire a reggere il colpo. Ma le prossime settimane rappresentano una sfida che coinvolgerà sia gli operatori che gli utenti, chiamati a un uso più consapevole dei propri dispositivi".

Religione ed epidemia: la prima chiusura mondiale degli edifici di culto

Con il Covid è successo anche questo: per la prima volta nella sua storia la Chiesa cattolica romana, come del resto hanno fatto le altre confessioni religiose, ha sospeso, per un periodo coinciso con la cosiddetta fase1 dell'isolamento sociale imposto per legge, la sua attività sul territorio.

Benché negli ultimi due millenni siano state tante le epidemie che hanno toccato l'umanità, di fronte a questa i Governi mondiali, non avendo altre armi a disposizione per frenare i contagi, hanno scelto di chiudere tutto, anche i luoghi di culto, facendo emergere, come stiamo per leggere, problematiche tutt'altro che scontate per una società che ormai vive *"etsi Deus non daretur"*[30].

Ne abbiamo parlato con **monsignor Francesco Alfano, arcivescovo della diocesi di Sorrento e Castellammare di Stabia.** Attualmente è promotore dell'apostolato del mare della Conferenza episcopale italiana e delegato della conferenza episcopale campana per la pastorale sanitaria.

---

[30] Spesso tradotta erroneamente con: *"Come se dio non esistesse"*. La traduzione esatta è: *"Anche se dio non fosse dato"*. L'espressione fu coniata nel 1625 dal filosofo olandese Huig de Groot (latinizzato in Ugo Grozio) (1583-1645) con lo scopo di affermare che "il diritto naturale è valido di per sé, che Dio esista o meno"

«*Diciamo subito* - esordisce monsignor Alfano - *che la nostra adesione immediata alla richiesta di chiudere le chiese è stata dettata non dalla paura di essere contagiati ma dal desiderio di collaborare nell'interesse del benessere di tutti. Se c'è stato sconcerto iniziale è stato per il modo in cui è stato portato avanti il rapporto tra Governo italiano e Cei. Ma, superato lo choc, iniziale, ci siamo resi conto che era l'unica strada praticabile e l'abbiamo intrapresa. Questo però non deve*

far ignorare la grande difficoltà vissuta non solo dalla comunità cristiana, ma anche dai pastori. Essere privati della vita ordinaria della comunità, degli incontri, della preghiera, delle altre attività e poi in momenti particolarmente significativi per la cristianità come la Pasqua, ha sconvolto totalmente anche l'intimo delle persone. Quando un popolo viene privato di ciò che lo caratterizza dal punto di vista sociale e religioso nelle sue forme ordinarie di vita, qualcosa cambia in profondità. Per un credente è la crisi, che nella Bibbia non è mai una sventura: è sempre un momento prezioso perché apre prospettive nuove, che però non vengono colte facilmente nel momento in cui la crisi si vive.

Diventa quindi necessario rileggere l'accaduto, riflettere e confrontarsi. Ora stiamo uscendo da questa prima fase della crisi e, vedendo il problema più da lontano, stiamo entrando in questa fase di riflessione più profonda in cui, alla luce della fede, possiamo coglierne le potenzialità, che non sono poche».

- **La voglio provocare: colui in funzione del quale questa Chiesa esiste aveva detto, come è riportato in Matteo, di non pregare in pubblico e con lunghe preghiere ma di farlo in privato nella propria camera[31]. E allora perché se Gesù quasi ordina di pregare in privato, il lockdown della Chiesa ha creato tutti questi problemi?**

«Questa è la bellezza della fede cristiana per chi la vive o l'originalità per chi ci si avvicina e si confronta. Sono due polarità messe insieme quelle presenti nella Chiesa: Dio e l'uomo; la storia e l'eterno; Gesù Cristo vero Dio e vero uomo... Per questo tema, quello dell'incontro con la divinità, Gesù nel vangelo da una parte dice "ritirati nella tua camera e non farti vedere quando preghi", e quindi di avere una relazione personale con Dio; dall'altro li mette insieme come nella cena prima di morire e gli consegna come mandato il "fate questo in memoria di me", ovvero state insieme: vi riconosceranno da come vi amerete. Quindi la relazione personale e quella comunitaria non si escludono a vicenda.

Ciò che accade nell'intimo della coscienza, ovvero il rapporto con Dio, la preghiera, l'ascolto, si arricchisce con il momento comunitario, perché ognuna delle due dimensioni, da sola, è rischiosa. Mi potrei illudere di incontrare Dio perché non

---

[31] **Matteo 6, 5-8**, testo edizione CEI: "**5** Quando pregate, non siate simili agli ipocriti che amano pregare stando ritti nelle sinagoghe e negli angoli delle piazze, per essere visti dagli uomini. In verità vi dico: hanno già ricevuto la loro ricompensa. **6** Tu invece, quando preghi, entra nella tua camera e, chiusa la porta, prega il Padre tuo nel segreto; e il Padre tuo, che vede nel segreto, ti ricompenserà. **7** Pregando poi, non sprecate parole come i pagani, i quali credono di venire ascoltati a forza di parole. **8** Non siate dunque come loro, perché il Padre vostro sa di quali cose avete bisogno ancor prima che gliele chiediate."

mi confronto con nessuno se non con me stesso. Ma probabilmente non sto incontrando nessuno, e mi riduco ad una forma di alienazione quale la religione può diventare. Il momento comunitario potrebbe invece diventare un modo per appoggiarsi all'altro, vivere con il gruppo, ma non far vivere la dimensione personale della fede.

Quello che è accaduto, nel nostro caso, ovvero il non ritrovarci insieme per la messa domenicale o per gli incontri, ha fatto emergere certamente la dimensione personale, quella che mi fa dire "io posso continuare a pregare Dio ed incontrarlo", ma ha anche scoperchiato il vaso di Pandora, portandoci a chiederci: "C'è questa dimensione? C'è questa cura spirituale?".

Così come l'altra dimensione: siamo rimasti chiusi in casa, con le nostre famiglie, e tutti ci siamo attrezzati per suggerire la preghiera in famiglia. Ma certamente quella che è venuta fuori è una crisi che avevamo già e che con il Covid è esplosa: quella crisi che ci fa dire: "Che senso diamo alla domenica?

Che senso diamo alla famiglia come primo nucleo della comunità cristiana? I padri la chiamavano "Chiesa domestica"... Abbiamo conservato il linguaggio, molto meno l'esperienza in tante delle nostre famiglie. Anche se, e questo è interessante, quello che è accaduto in questi mesi di isolamento totale, è la riscoperta in tanti della preghiera... Ma certo, la paura porta a pregare: questo è un fatto di religiosità naturale per tutti. Di fronte al limite uno si apre al trascendente anche se non lo conosce e pure se non lo ipotizza, e si affida in qualche modo ad un mistero più grande.

E non solo è capitato questo: è capitata una ricerca, e lo vediamo da quanti si sono interessati a quello che diceva papa Francesco nella messa. Abbiamo tante testimonianze di persone che, praticanti o meno, credenti o meno, venivano aiutati per qualcosa di più profondo che stava accadendo dentro di loro. Molte famiglie che non lo avevano mai fatto si sono ritrovate a provare a pregare insieme.

Sia chiaro: non è che il mondo all'improvviso sia diventato rosa, ma sono cose che abbiamo raccolto come istituzione ecclesiastica».

Il mondo del lavoro è cambiato?

Un tasso di disoccupazione salito a fine giugno all'8,8%, con **oltre 600mila posti di lavoro persi** a causa dell'epidemia. E la disoccupazione giovanile salita al 27,6%. A pagare il prezzo maggiore il mondo femminile e - contrariamente a cali precedenti registrati negli scorsi anni - coloro che avevano un lavoro a tempo indeterminato. Rispetto al giugno 2019 invece la perdita è del 3,2%, pari a 752 mila unità.

Sono questi i dati drammatici forniti dall'**Istat** a luglio 2020, in un momento storico che ha visto un'altra previsione sballata dei "luminari epidemiologi" che hanno ammorbato l'Italia nel periodo del lockdown con dichiarazioni che definire contrastanti tra loro è davvero usare un eufemismo. A dispetto infatti di chi paventava una scomparsa, o almeno un fortissimo allentamento, dei livelli di contagio in tutto il mondo - non esclusa l'Italia - il numero degli ammalati risale in modo preoccupante e un nuovo lockdown prende corpo in molte nazioni. Consola che la Bce abbia riconosciuto all'Italia che se non avesse adottato interventi concreti con la lunghissima e costosa cassa integrazione, il tasso di disoccupazione sarebbe salito almeno al 25%. In ogni caso, al confronto con il calo del Pil in Usa, pari ad oltre il 32% a fine giugno (il peggior dato dal 1947, dicono le statistiche degli economisti), il meno 12,4% al 30 giugno italiano (si arriverà a fine anno presumibilmente tra il -12 e -14%) sembra quasi una vittoria, visto che "se Sparta piange, Atene non ride", come dimostrano le cifre che provengono da nazioni europee corazzate come la Germania, che registra a giugno 2020 un calo del 10,1%, il peggiore dal 1970, mentre la Francia è a -13,8 e la Spagna a -18,5%.

Censis-Confcooperative, come risultato di una sua indagine, dichiara che **oltre due milioni di famiglie** a causa del Covid sono piombate sotto la soglia di **povertà assoluta**: in particolare quelle con lavori in nero o comunque precari.

Ha avuto dunque fortissimi impatti sul mondo del lavoro, pubblico e privato, l'epidemia di Covid che durante il periodo di lockdown ha rinchiuso in casa tutti gli italiani.

In che modo la situazione è cambiata è l'argomento che affronteremo, sia pure non certo da esperti del settore, in questo capitolo. Partiremo dalla rivoluzione dello smart working, o meglio del lavoro agile, come è stato tradotto in italiano, toccando pubblico e privato, per passare ad esaminare le mutazioni riscontrate nel corso della nostra indagine nel rapporto tra dipendente e datore di lavoro, i problemi, i risvolti economici. Il tutto senza trascurare un passaggio sull'imprenditoria privata, prendendo a campione un rappresentante dei gestori di bar ed uno della ristorazione: due dei settori più pesantemente colpiti dal lock down.

Ma non si possono trascurare, pur se vogliamo non rendere eccessivamente ampio il discorso, altri settori. Per esempio quello dell'automobile. Riportiamo un dato per tutti: quello che racconta **il**

Risorgimento Nocerino[32] in un articolo del 6 maggio 2020, e che riguarda il settore dei concessionari auto:

"Un mese di aprile 2020 drammatico anche a Salerno per il settore automobilistico, con una riduzione rispetto allo stesso mese del 2019 di 1.244 prime iscrizioni pari a -97%, con circa 4.400 passaggi di proprietà in meno pari a -94% e con 1.620 radiazioni in meno pari a -89%.

Lo comunica l'Aci provinciale. Nel mese di aprile 2020 nell'intera provincia di Salerno sono state infatti registrate soltanto 44 prime iscrizioni, 271 passaggi di proprietà e 205 radiazioni. Le percentuali di riduzione delle prime iscrizioni e dei passaggi di proprietà della provincia di Salerno sono leggermente migliori rispetto alla Campania nel suo complesso, ma peggiori rispetto al dato complessivo dell'Italia. Relativamente alle radiazioni, la riduzione percentuale di Salerno e provincia è invece più elevata rispetto alla Campania e all'Italia.

Rapportato all'intero primo quadrimestre dell'anno 2020, i dati dell'Aci rilevano circa 2.700 prime iscrizioni in meno rispetto al periodo gennaio-aprile del 2019, con una riduzione del 49%, oltre 7.600 passaggi di proprietà in meno, con una riduzione del 39%, e 2.900 radiazioni in meno con una riduzione percentuale del 36%. Per il primo quadrimestre la riduzione percentuale della provincia di Salerno è leggermente migliore rispetto al dato complessivo della Campania, ma peggiore rispetto al dato Italia. Per i passaggi di proprietà il dato di Salerno è in linea con quello della Campania ma risulta peggiore del dato Italia. Relativamente alle radiazioni, le percentuali di riduzione della provincia di Salerno, della Campania e dell'intera Italia sono pressoché allineati.

Una tendenza che si spera - è il commento dell'Automobile Club Salerno -

---

[32] https://www.risorgimentonocerino.it/attualita/9717-provincia-di-salerno-maglia-nera-per-il-settore-auto-ad-aprile-2020.html

possa iniziare ad invertirsi con la riapertura delle concessionarie e dei rivenditori di auto e con una graduale ripresa dell'economia".

Il boom del Lavoro agile
e prospettive future

"Smart working, il cambiamento che promette di cambiarci la vita", titola **La Repubblica** il 25 maggio 2020.

Secondo quanto appurato da **Rosaria Amato**, autrice dell'articolo, il 73% dei dipendenti fa **smart working** senza indicazioni sulla cybersicurezza. Un dato gravissimo che mette in evidenza la superficialità con cui si è affrontato il problema durante l'emergenza. Vero è che, tranne poche mosche bianche che in Italia avevano avviato da tempo progetti di smart working, e la legge ad hoc varata dal Parlamento nel 2017, per tantissimi, soprattutto negli Enti pubblici, il **"lavoro agile"**, come è stato ribattezzato in Italia, veniva visto fino allo scoppio della pandemia una sorta di demone da tenere fuori casa, che avrebbe regalato a quei fannulloni dei dipendenti pubblici lo stare a casa e prendere lo stipendio senza alcun controllo. In realtà, come abbiamo anche letto dal racconto di Maria, dipendente del Cnr, per tantissimi l'esperienza di lavoro da casa è stata equivalente ad una presenza in ufficio decisamente più ampia, vedendo casi nei quali dalle 7 di mattina alle 23 ed anche oltre il telefono e le richieste di prestazione sono state avanzate senza alcun limite, "tanto sei a casa, che ti costa". Ne parla anche una ricerca di **LinkedIn**, che tira le somme dopo due mesi di lavoro in remoto. Ci riferisce - su un campione preso in esame di 2 mila lavoratori - che il 21% di essi fa fatica a staccare la spina, lavorando in media un'ora in più al giorno (in pratica 20 ore in più al mese) mentre il 36% arriva a fingere ogni tanto di essere occupato mentre lavora da casa. Il 16%, ancora, teme il licenziamento. Situazioni che hanno portato la **Cgil** a reclamare: «Così è lavoro fordista[33] dentro le mura di casa. Va regolato con i contratti».

Lo tsunami dell'emergenza Covid ha cambiato quasi tutto, e in modo particolare il mondo del lavoro. "Non c'è stato - scrive Rosaria Amato - il tempo per accendere dibattiti, confronti e scontri nelle consuete sedi politiche. L'unica possibilità per continuare a lavorare, stante la quarantena e il rischio di contagio, in moltissimi casi era agire da casa, attrezzandosi al meglio. Magari con un passaggio ogni tanto in azienda. Una cura shock che sulle prime ha destabilizzato ma poi, pian piano, ha regalato una consapevolezza ai dipendenti e alle aziende: lo

---

[33] Alla base della filosofia fordista c'è l'idea che i nuovi modelli di organizzazione della produzione possono attivare un circolo virtuoso capace di alimentare una crescita pressoché illimitata. Nella filosofia fordista, la fabbrica è luogo centrale di tutte le decisioni strategiche: è la produzione che crea il mercato, tanto che Ford diceva che «tutto ciò che si produce si vende». Dal punto di vista pratico, l'addestramento scientifico dei lavoratori, la standardizzazione e la semplificazione dei processi e l'introduzione della catena di montaggio rendono possibili produzioni su larga scala. Nello stesso tempo, la concentrazione delle attività in grandi impianti industriali permette di sfruttare economie di scala e di ridurre progressivamente il costo unitario dei prodotti e quindi il loro prezzo di vendita. Un altro fattore critico per comprendere il f. è il 'cottimo differenziale', il nuovo meccanismo retributivo in base al quale il salario è determinato dalle quantità prodotte in un certo arco di tempo, ma in modo differenziato in base al volume o al numero complessivo di pezzi prodotti (per es., una unità di salario per ogni pezzo fino a 100, ma se i pezzi realizzati sono 120 il salario unitario aumenta a 1,5). Questo modello, pur se ampiamente criticato per i possibili impatti sulla qualità del lavoro (ambiente estremamente competitivo, accelerazione eccessiva dei ritmi), contribuì a un deciso incremento dei salari dei lavoratori delle fabbriche e quindi ad alimentare il circolo virtuoso.
Grazie al mutamento nell'organizzazione del lavoro di fabbrica si possono accrescere i redditi dei lavoratori, senza una diminuzione ma anzi con un aumento dei profitti. Traducendosi in incrementi nella quantità dei beni di consumo domandati, i più alti salari consentono la realizzazione della produzione di massa, che si accompagna alla maggiore produttività del lavoro. (*da http://www.treccani.it/enciclopedia/fordismo_(Dizionario-di-Economia-e-Finanza)/*)

smart working - per lavoratori compatibili, naturalmente - si può fare. La sua platea può allargarsi senza provocare scompensi, anzi. E gli esempi virtuosi se ne sono visti sempre di più. Se non si esaurirà presto, questa spinta al cambiamento potrebbe rivoluzionare anche i futuri rapporti di lavoro e persino le grandi città. Per esempio, assumere una persona che vive a centinaia di chilometri dalla sede di lavoro potrebbe diventare la norma. Ma non andiamo troppo avanti. Questo è stato un cambiamento violento. Ha avuto un suo picco (e ci siamo ancora) e fisiologicamente avrà una sua discesa alla fine dell'emergenza. Si è passati dai 570 mila in lavoro agile prima della pandemia Covid (stime del Politecnico di Milano), agli 8 milioni con il lockdown. Il tutto nel giro di appena qualche settimana".

Vero è che in molti casi si è trattato, più che di lavoro agile vero e proprio, di semplice e banale telelavoro[34]. Questo è capitato ad esempio per i dipendenti delle Poste Italiane, ai quali in massima parte è semplicemente toccato fare da casa le pratiche che si facevano sul computer dell'ufficio. In molti enti locali, e particolarmente nei settori demoanagrafici, il lavoratore ha accesso al computer del suo ufficio tramite **vpn**[35], lavorando in tempo reale da casa ma sul computer dell'ufficio, per fare le stesse cose fatte ogni giorno (corrispondenza

---

[34] La differenza tra smart working e lavoro da remoto sta nel fatto che nel primo caso una parte del monte ore lavorative si svolge fuori dai locali dell'azienda con maggiore flessibilità in termini di tempo e luogo di lavoro, mentre nel secondo caso è l'intera attività a svolgersi dove il lavoratore ritiene opportuno

[35] Virtual private network, ovvero rete privata virtuale, che è uno strumento per creare un canale internet "privato" e protetto da intrusioni: si reindirizza il traffico internet attraverso un server VPN specificamente configurato, nascondendo l'indirizzo IP della stazione di lavoro e criptando tutti i dati che vengono inviati o ricevuti. Per chiunque li intercetti, i dati criptati appariranno come simboli senza senso, rendendo così quasi impossibile la decifrazione

con altri Enti, consolati e ambasciate, forze dell'Ordine, agenzie delle Entrate, Inps, per fare degli esempi) in sede. L'unica cosa che non viene fatta da casa è la certificazione per il pubblico, affidata a uno o più dei dipendenti che a turno sono presenti in sede. Anche se alcuni enti più lungimiranti hanno adottato una soluzione che tramite scanner e stampante a disposizione dell'utente, oltre che talvolta anche un sistema di videochat, permette sia ad un operatore in sede che a uno da casa di poter fare normalmente sportello.

Lo smart working, che nel frattempo è stato prorogato per gli enti pubblici fino a fine emergenza, con l'obiettivo della ministra Stefania Dadone di renderlo stabile per almeno il 50% dei lavoratori il cui impiego si presta a questa tipologia di prestazione, e fortemente consigliato alle aziende private, ha avuto anche due aspetti collaterali: uno estremamente positivo sulla qualità della vita dei dipendenti e sull'ambiente, uno negativo che riguarda tutto quel sottobosco di indotto che vive anche intorno agli spostamenti dei lavoratori.

Un'indagine promossa dall'associazione datoriale **Cifa**, dal sindacato **Confsal** e dal fondo interprofessionale **Fonarcom**, realizzata dal Centro studi **InContra** e pubblicata sul sito **www.illavorocontinua.it**, mette in rilievo come il lavoro agile abbia generato risparmio sui costi di trasporto e di pranzo e un miglior bilanciamento della vita lavorativa con quella privata, passando per la possibilità di avere maggiore autonomia e responsabilità. Per la cronaca il sito **www.jobjob.it** ha pubblicato una sorta di app attraverso la quale, iscrivendosi ed inserendo il tragitto fatto nella tratta casa–lavoro ed i giorni di smart working effettuati, calcola il risparmio di tempo, ambientale ed economico sulla base dei chilometri che non sono stati percorsi. Agli inizi di aprile le migliaia di dipendenti (ma ricordiamo che il numero di lavoratori in smart working ha raggiunto un picco di 8 milioni di persone) che si erano iscritti hanno permesso di calcolare risparmi per 70mila euro, 40 tonnellate di CO2 e quasi 7.000 ore non perse negli spostamenti. **Enea**, Agenzia nazionale per le nuove tecnologie, l'energia e lo sviluppo economico sostenibile, in uno studio pubblicato a fine maggio, che ha coinvolto un campione di 29 pubbliche amministrazioni e 5.500 lavoratori, ha calcolato che lo smart working è in grado di ridurre la mobilità quotidiana di circa un'ora e mezza in media a persona, per un totale di 46 milioni di chilometri evitati, pari a un risparmio di 4 milioni di euro di mancato acquisto di carburante. In termini di emissioni, si parla di un taglio di 8000 tonnellate di CO2, 1,75 tonnellate di PM10 e 17,9 tonnellate di ossidi di azoto. Dati decisamente buoni che incoraggiano - visto che le tecniche di smart working e telelavoro si stanno decisamente rendendo più efficienti - a proseguire su questa strada, come la ministra Dadone ha già preannunciato di voler fare.

Il contraltare negativo? Sicuramente per bar e ristoranti, cui sono venuti a mancare milioni di caffè, cornetti e cappuccini venduti ogni giorno dai primi, e alcuni milioni di buoni pasto consumati presso i loro locali ai secondi, come vedremo nel prossimo paragrafo.

La crisi economica
ha davvero toccato tutti?

Bar e ristoranti, lo abbiamo detto nel paragrafo precedente, "grandi" vittime del lockdown prima e dello smart working dopo. Senza differenze basate sul luogo geografico.

Alfonso, da circa 40 anni titolare di un bar posto proprio di fronte all'ingresso della sede di un Comune nell'Agro nocerino, in provincia di Salerno, è decisamente giù di morale. Negli anni, malgrado una concorrenza che la deregolamentazione delle aperture di attività ha reso davvero selvaggia, era riuscito ad aumentare in modo significativo i clienti fissi offrendo una serie di servizi accessori, tra i quali una delle prime reti wi-fi gratuite dell'Agro, sia pure con copertura limitata a meno di un chilometro quadrato: in pratica era destinata ai dipendenti degli uffici della sua zona. Unico requisito per poterla sfruttare a piacimento l'esser suo cliente: «*Prima la chiusura forzata, ora il lavoro da casa. Faccio sempre più fatica a far fronte alle spese di gestione* - ci dice - *Se mi capitasse un coraggioso che volesse acquistare il mio bar, che mi ha permesso di assicurare una qualità di vita decisamente buona alla mia famiglia, non ci penserei nemmeno un secondo a dire sì. Certi giorni non so nemmeno se vale la pena di accendere la macchina del caffè. E anche se dopo il lockdown qualcosa ha reiniziato a muoversi - complice la concorrenza spietata - il volume d'affari per me e tutti quelli che al pari mio vivono soprattutto di uffici è calato in modo insostenibile*».

Non se la passa meglio **Angelo**, titolare di un ristorante pizzeria decisamente accorsato: «*Il numero dei buoni pasto consumati nel nostro locale, che spessissimo venivano integrati dagli utenti con spese extra per pietanze aggiuntive, è calato di oltre il 60%. Nell'immediato, dopo le riaperture, avevamo sperato in un rapido recupero* - spiega il ristoratore - *La pizza soprattutto, che tantissimi hanno fatto in casa nei giorni di lockdown con la nostalgia di quella che noi, come altre pizzerie, sappiamo davvero come preparare al meglio, è stata la pietanza sfornata in quantità assolutamente rilevanti. Poi, di nuovo livelli decisamente bassi: tanti hanno perso il lavoro di uno o più componenti della famiglia, altri hanno dovuto accettare salari ribassati, e l'uscita al ristorante non rappresenta certo un'esigenza indifferibile. Nei fine settimana, soprattutto dall'inizio della bella stagione, c'è gente. Ma non quanto prima e, soprattutto, ci rendiamo conto che quando possibile scelgono una pietanza in meno o magari una semplice margherita piuttosto che pizze più elaborate e più costose. Possiamo solo sperare, a questo punto, che il Governo sia in grado di far ripartire davvero l'economia e di conseguenza inizino nuovamente per le famiglie maggiori disponibilità economiche*».

Non ci sono settori che - in un modo o nell'altro, non abbiano avuto effetti negativi dal periodo di sospensione forzata dell'attività sociale, dall'entrata in regime di cassa integrazione di dipendenti e operai e dallo smart working. Perfino i prodotti petroliferi, con un barile di greggio che è arrivato per un periodo a costare meno di una pizza: **Eni** ha chiuso i primi sei mesi del 2020 con una perdita netta pari a 7,34 miliardi di euro (contro un utile di 1,516 dello stesso periodo dello scorso anno) mentre **Total**, colosso francese del petrolio e del gas, ha registrato nel secondo trimestre la sua prima perdita netta dal 2015. Parliamo di 8,4 miliardi di dollari, contro un utile di 2,8 miliardi un anno prima. In crisi anche **Shell** che ha riportato una perdita netta record: 18,1 miliardi di dollari nel secondo trimestre a causa di «enormi svalutazioni di attività che riflettono un mercato petrolifero depresso dalla pandemia». Il gruppo anglo-olandese aveva generato un utile netto di 3 miliardi di dollari l'anno precedente[36].

Così è successo anche per i negozi di abbigliamento e calzature. Prima il lockdown e poi il lavorare da casa in ciabatte: cose che non richiedono frequenti cambi di abito e acquisti di scarpe, e così anche per questo settore il clima è tutt'altro che allegro.

[36] https://www.corriere.it/economia/finanza/cards/cosi-covid-distrugge-l-economia-reale-emergenza-lavoro-italia-crolla-pil-germania-usa-finisce-l-era-petrolio/cosi-covid-ha-stravolto-interi-settori-big-petrolio-crisi.shtml

Industrie ed epidemia:
il "padrone" e l'operaio

Insieme alla ristorazione e agli altri settori su cui abbiamo fatto una panoramica è anche il turismo e tutto quello che vi è collegato a soffrire degli effetti della pandemia, con lo scarsissimo numero di turisti (stranieri in primis) presenti quest'estate rispetto a quelli cui l'Italia era ormai da anni abituata a ricevere.

Una fotografia, sintetica ma esaustiva, di cosa sia successo in questo periodo all'economia di una zona che vive praticamente solo di turismo, come la Costiera sorrentina, ci viene offerta dall'arcivescovo di Sorrento e Castellammare di Stabia, **monsignor Francesco Alfano**, attento osservatore di quel che accade sul suo territorio, che vi abbiamo già presentato nel capitolo dedicato al "lockdown delle religioni": «*La scena che si presenta oggi a chi viene in queste zone, ma anche a noi che ci viviamo, è drammatica* - ci dice con aria decisamente preoccupata il presule - *Si è fermato un sistema che di anno in anno stava crescendo sempre di più benché si fosse trasformato. Il turismo di massa che aveva preso di mira anche le nostre zone aveva creato interessi, movimento, lavoro: sembrava non fermarsi più. Tutto questo si è bloccato all'improvviso ed ora si stenta a ripartire. Tutto è cambiato ed indubbiamente l'incognita è grande. Penso agli albergatori ma anche al personale che permette ad un albergo di funzionare, che è quasi tutto stagionale e viene anche dall'entroterra. Quei pochi che hanno riaperto hanno ridotto di molto il numero dei* *dipendenti, e questo ha messo in ginocchio una terra che aveva puntato quasi esclusivamente sul turismo, nonostante su questa scelta vi fossero vedute diverse. Ed infatti è stato così. Si è vissuto una sorta di delirio di onnipotenza sicuri che la crescita non si sarebbe mai fermata.*

La crisi si avverte in modo importante fino a Capri. Anzi, nell'isola ancora di più perché l'isola vive solo di turismo. La situazione è drammatica per persone che programmavano la loro vita in funzione del lavoro turistico: dal fitto al mutuo. Per molti questo è saltato. Abbiamo assistito anche all'aggravarsi notevolmente di un problema che avevamo già: quelli che vengono chiamati spesso non vengono rispettati. E con tanta crisi in giro non è possibile alzare la testa e chiedere i propri diritti di lavoratore, perché dietro le spalle ci sono altre decine di persone pronte "a non fare storie". Ho paura per l'esplosione di una forte tensione sociale».

Un problema, il mancato rispetto dei diritti del lavoratore, di cui ci parla - a patto dell'assoluto anonimato per chiare ragioni di legalità - anche il titolare di alcuni supermercati e amministratore di un centro commerciale, che per comodità chiameremo **Giuseppe**.

«Il pagare il lavoratore con bonifico è un obbligo da tempo, come molti sanno - esordisce Giuseppe - Qualche volta, in passato, soprattutto all'apertura di nuovi punti vendita, abbiamo chiesto — per rientrare prima dall'investimento - al lavoratore di restituire in contanti parte del suo stipendio. Il sistema di vessazione è semplice: all'atto dell'assunzione il lavoratore ci lascia anche la richiesta di dimissioni, firmata e senza data. Quindi o restituisce parte dello stipendio a richiesta o "si licenzia"[37]. Ora, nel settore della distribuzione di alimentari la crisi

---

[37] Una pratica, questa, che nel 2019 ha visto il titolare di alcuni mercati a marchio "365 Sole" avere conseguenze penali ed economiche importanti a seguito di una clamorosa inchiesta dell'Autorità Giudiziaria

non solo non vi è stata, ma per il fenomeno dell'accaparramento di scorte possiamo dire che il volume di affari ne ha risentito in modo decisamente favorevole. Ma per gli altri rami del commercio non è così, per cui da qualche mese, e non solo per la realtà che conosco più da vicino ma anche per altre di cui ho notizie a sufficienza, è ripresa questa pratica, di cui mi sono vergognato in passato e mi vergognerei di rimettere in auge oggi».

Qual è, infine, oggi, la situazione del mondo produttivo italiano? Quali problemi ha avuto dall'impatto con il lockdown, come ha affrontato l'emergenza? E soprattutto, come ha vissuto la ripartenza delle attività, e con quali strascici economici e sociali? Ne abbiamo parlato con un imprenditore che, per il ruolo ricoperto e i contatti con il mondo produttivo nazionale, ha giocoforza un quadro abbastanza completo sull'argomento. È **Mauro Maccauro**, 48 anni, amministratore delegato della Euroflex Spa, azienda di siderurgia di Mercato San Severino. È past president in carica di Confindustria Salerno.

- Che tipo di ricadute hanno avuto dalla pandemia e dal conseguente lockdown le industrie salernitane?

«Possiamo certamente dire che abbiamo avuto una divisione nelle aziende: quelle che sono state molto colpite, essendo state raggiunte dal provvedimento di uno dei decreti della Presidenza del Consiglio di fermare la loro attività, mentre altre, come il settore alimentare e tutto quello che è il suo indotto, sono riuscite a incrementare produzioni e fatturato anche a doppie cifre. E quindi il mondo strettamente dell'alimentare, e, per esempio, quello del packaging e quello della grafica legato all'alimentare. Questo perché la crisi in atto ha portato le persone sia a cercare, nella paura, di fare scorte, sia a consumare più alimenti stando a casa, dove senza far

nulla quello, insieme a poche altre cose, è stato di sfogo. Parallelamente, il 25 marzo

ci fu un decreto della Presidenza del Consiglio che indicò i codici Ateco che dovevano

fermare la loro attività, con un blocco che si è protratto fino ai primi di maggio. A

parte questo, nelle zone del Nord più colpite dalla pandemia le aziende decisero di

fermare la loro produzione anche prima del decreto: cosa che ha avuto risvolti

negativi anche sulle aziende del Sud che avevano rapporti di lavoro con esse. Quindi,

riassumendo, possiamo dire che per due mesi ci sono state attività che si sono fermate

ed altre che hanno viaggiato a doppie cifre. Questo contesto si inserisce in una realtà

in cui il tessuto produttivo era già precario, e fino a una settimana prima del virus si

discuteva di come risollevare le nostre aziende. In questo discorso si inseriscono quelle

aziende, che a differenza di chi ha affrontato con serietà e responsabilità il problema,

ha cercato di "approfittare" di un contesto di emergenza.

Ma soffermiamoci su quelle aziende che hanno affrontato responsabilmente il

problema. Con l'intervenuto lockdown il problema della tutela del lavoratore è passato in secondo piano, mettendo in prima linea il problema della sussistenza dell'attività economica stessa. All'improvviso ci si ritrova senza fatturato perché non esce merce, ma contemporaneamente fino a quel momento hai venduto e comprato. Quindi hai degli impegni nei confronti dei tuoi fornitori e delle esposizioni nei confronti dei tuoi clienti, dai quali non sai se incasserai. Se questo meccanismo si ferma tu non riesci a pagare i tuoi lavoratori e i tuoi fornitori. Molte aziende hanno dovuto pensare a come fare per non aver problemi dal punto di vista finanziario.

Sono intervenuti vari decreti, sempre della Presidenza del Consiglio, che davano la percezione che il giorno dopo avresti potuto andare in banca per risolvere i tuoi problemi in maniera temporanea, parliamo per esempio dei famosi 25mila euro, mentre in realtà non è stato propriamente così. Probabilmente mentre oggi parliamo ci sono tante attività che ancora stanno aspettando. Tra l'altro non era né un contributo lineare né a fondo perduto, per cui la percezione era una cosa, la realtà un'altra. C'era dietro un po' di burocrazia; la banca aveva necessità di fare i suoi passaggi; non è stato quindi facile, soprattutto per le realtà più piccole, accedere agli aiuti. Così come mi risulta che tanti giovani professionisti che potevano accedere a piccolissimi aiuti - parliamo dei 600 euro al mese - hanno avuto problemi.

In questa situazione ogni azienda ha cercato di mettere in campo gli strumenti che potessero aiutarla: chi aveva un'attività solida e un portafogli clienti serio, è riuscito a reggere anche senza crearsi ulteriore debito con le banche; gli altri, che avevano una situazione già instabile dal punto di vista economico, hanno visto pregiudicare la sussistenza stessa dell'azienda, non riusciranno a pagare i propri fornitori, cominceranno ad essere insolvente, e quando terminerà, a breve, il periodo di "free zone" in cui non puoi fallire, non puoi licenziare, ed in pratica non puoi fare assolutamente niente, quando di nuovo il mondo produttivo sarà governato dal mercato e non dai decreti, rischiano di non aprire più i propri cancelli.

Insomma, con le previsioni del calo del Pil, che sembra toccare l'intera Europa - cosa grave, perché se si fermano le locomotive i vagoni al traino ci sbattono contro - questa situazione, tutte in fieri, tra settembre e dicembre rischia di avere serie ripercussioni. Tra l'altro le risorse europee, come il Recovery Fund, non sono immediatamente disponibili, perché bisognerà predisporre progetti e piani di utilizzo, quindi diventa ancora più concreta la possibilità di avere seri problemi dal punto di vista economico. Quel tessuto di imprese che in provincia di Salerno è prevalente, ovvero mondo alimentare e mondo dell'indotto dell'alimentare, nel periodo di lockdown si sono avvantaggiate perché le persone chiuse in casa hanno fatto riserve. Il decreto Agosto ha confermato, in sostanza, tutte le misure che tendono a conservare i posti di lavoro fino a fine anno, ma questa situazione di precarietà, inevitabilmente, finirà per avere ripercussioni negative anche sull'alimentare e il suo indotto, perché man mano la gente avrà sempre meno soldi da spendere nell'alimentare».

- E in Europa?

«Ritengo che in contesto europeo, ma anche quello mondiale, sia ancora più preoccupante di quello italiano, semplicemente perché in Italia la diffusione del virus sembra apparentemente comunque sotto controllo. Il Coronavirus blocca i sistemi economici e danneggia chi, come l'Italia, ha buona parte della sua forza nelle esportazioni. Se però a causa della situazione pandemica l'export si blocca per il rallentamento o lo stop delle importazioni dei Paesi con cui l'Italia abitualmente ha rapporti commerciali, per noi diverrà problematico, con crolli dei prezzi e sovracapacità produttiva».

- Come se ne potrebbe uscire?

«Credo solo se l'Europa metterà in campo velocemente le risorse stabilite e se in Italia si sapranno fare rapidamente progetti concreti di rilancio che non siano quelli

dispersivi messi in atto finora, ma anche se le banche saranno davvero di supporto all'economia sostenendola. In tutto questo c'è stato un cambiamento nel mondo del lavoro, perché mentre le fabbriche sono rimaste chiuse per decreto e quindi l'operaio non andava a lavorare, doveva invece farlo l'impiegato, perché l'azienda doveva funzionare e gli adempimenti c'erano comunque.

E quindi le aziende si sono dovute attrezzare con il cosiddetto smart working, che per le aziende medio-piccole del nostro territorio è stata un'esperienza unica, straordinaria, in cui si è messo alla prova il senso di reattività dell'azienda stessa. Le aziende non erano preparate a questo sconvolgimento nei modi e nei tempi del lavorare, ma hanno reagito bene.

Certo, abbiamo visto svilupparsi tematiche, alcune delle quali io reputo ridicole, come quelle sul se un infortunio domestico subito dal lavoratore durante la sua attività dovesse essere considerato come se subito in azienda. O ancora, se il dipendente con la febbre, stando a casa, potesse o meno lavorare. Ma son venuti fuori anche problemi legati alla privacy. Lavorare da casa che protezione assicura ai dati lavorati? E ancora, se un congiunto lavorasse per un'azienda concorrente, come ci si protegge?

Quel che possiamo affermare è che le aziende hanno visto una spinta ad adoperare metodologie in uso, prima del Covid, solo in realtà internazionali o con più sedi sparse sul territorio italiano. E ognuno di noi imprenditori oggi ha sullo smartphone e sul pc almeno 3 o quattro app diverse dedicate a meeting a distanza.

Quindi io credo che il virus abbia segnato quest'epoca, perché da oggi in poi, in tante realtà, a prescindere dal virus, dove sarà possibile collegarsi, le persone ottimizzeranno i loro tempi e i loro costi e cercheranno di sviluppare sempre di più questa forma di contatto. Anche se, e questo è solo il mio punto di vista, il contatto umano e il guardarsi negli occhi restano sempre una priorità».

- E qui tornano le due facce della medaglia: da un lato se non mi muovo contribuisco a non rovinare ulteriormente l'ambiente e dall'altro, invece, stando a casa non consumo il cappuccino, non usufruisco del buono pasto, non ho necessità di apparire nell'abbigliamento ...

«Diciamo che questo è un riequilibrio delle nostre abitudini, come abbiamo visto durante il lockdown. Però abbiamo anche capito che se l'acqua dei fiumi durante il lockdown era pulita perché le aziende erano chiuse, sappiamo anche dove colpire per risanare l'ambiente. Ma qui subentra un problema di volontà. In ogni caso, ci siamo fin qui focalizzati sull'aspetto degli uffici, ma poi c'è l'aspetto della fabbrica. Del virus si è cominciato a parlare a metà febbraio, ma da allora al 25 marzo, data del decreto di lockdown, le fabbriche sono rimaste aperte, e dall'inizio di maggio in avanti le aziende hanno continuato a lavorare. E allora quali sono state le sensazioni e gli stati d'animo pre e dopo la chiusura?

Il pre è quando in televisione abbiamo iniziato a sentir parlare di questo nuovo nemico, che non si sapeva bene come affrontare e che problemi poteva portare. Quando le idee sono state più chiare anche nelle fabbriche è cominciato a nascere un problema che ha visto prevalere l'individualità, nel senso che, sì, tu sei il mio compagno di lavoro, ma io non so tu dove vai quando non sei in fabbrica. E quindi istintivamente tendo a stare lontano da te.

Quindi si è restati comunità per cercare di preservare l'integrità dell'attività e quindi conservare il lavoro. Nel contempo, per il timore di contrarre il virus, si è assistito a un individualismo sfrenato con l'utilizzo della mascherina anche in condizioni lavorative disagiate (si pensi al lavoro in luoghi con temperature elevate), il rivedere gli spazi e gli orari, l'uso degli spogliatoi in maniera scaglionata o addirittura il non uso degli stessi. Ma anche l'evitare l'uso, per paura che fossero contaminati o per evitare mini assembramenti, dei distributori di snack e bevande presenti in fabbrica. Quindi un cambio netto del vivere sociale nella fabbrica. Questo per gli operai.

Per i "padroni" abbiamo visto persone intelligenti e persone stupide: c'è stato chi fin dal primo istante ha adottato tutti i presidi e le prescrizioni che erano state date, gestendo con responsabilità la crisi pandemica, e chi ha lesinato perfino sul dispenser con il disinfettante. Ma il mondo è fatto così. Così come abbiamo visto differenze tra imprenditori nell'utilizzo degli ammortizzatori sociali. Perché in alcuni casi abbiamo assistito a episodi in cui l'utilizzo della cassa integrazione è stato uno strumento per costringere comunque gli operai ad andare a lavorare ma non pagarli con risorse aziendali. Ma questo accadeva a dire il vero anche prima del Covid.

In realtà il problema è un altro in ordine agli ammortizzatori sociali: gli imprenditori che sono riusciti ad anticiparli hanno visto gli operai a casa che magari - come sembrerebbero evidenziare dati recenti - non uscendo sono perfino riusciti a realizzare piccoli risparmi. La tragedia è stata per coloro che hanno dovuto aspettare che la cassa integrazione fosse erogata, essendo dipendenti di realtà che non potevano permettersi di anticiparla. E qui i ritardi amministrativi sono assolutamente esecrabili.

Ma dal punto di vista sociale abbiamo assistito ad un altra cosa rivoluzionaria: il sindacato, o almeno le organizzazioni più importanti, che da sempre hanno combattuto il lavoro sommerso per ovvie e comprensibili ragioni, avendo compreso che la crisi pandemica aveva privato migliaia di lavoratori "a nero" dei loro mezzi di sussistenza, con il rischio di una grande crisi sociale, hanno finito per sposare per la prima volta nella loro storia, il piano assistenzialistico di emergenza sia a livello nazionale che, quello, ad esempio, varato in Campania. Personalmente sono convinto che pagheremo grandi pene per questi fondi sottratti a progetti strutturali, anche se lo hanno fatto pure altre nazioni».

- A tua conoscenza, le aziende hanno subito controlli durante il lockdown? Se sì, quali?

«Assolutamente sì. Prefettura, Finanza, Asl, i nuclei preposti dei Carabinieri hanno effettuato una serie di controlli nelle aziende. Si va dai codici Ateco, e quindi l'abilitazione a restare aperte, al controllo sui protocolli di sicurezza adottati, ed altro.

I controlli hanno funzionato e questo è stato anche motivo di deterrenza verso coloro che volevano fare qualcosa "border line". E quando il 4 maggio chi era stato fermo è tornato sul posto di lavoro ci è tornato con la voglia di lavorare, per mille ragioni anche sociali: la convivenza forzata per tre mesi è stata dura per qualcuno. Questo ha restituito l'importanza del senso del lavoro, che significa anche relazionarsi con gli altri, uscire, avere una vita più piena, a vivere una vita con gli altri che aiuta molto a vivere più serenamente anche la vita familiare. Ma tornare al lavoro ha significato anche la fine del problema: se torno a lavorare, vuol dire che il virus sta scomparendo».

- Una domanda all'imprenditore e alla persona insieme: oggi, di fronte alla consapevolezza di tutto ciò che ha significato umanamente ed economicamente il lockdown, preferiresti morire di fame o di Covid?

«Diciamo innanzitutto che in questa circostanza le persone hanno dimostrato responsabilità e di aver compreso il pericolo, ed è un fatto positivo. Evidenziato questo, mi dai l'occasione per parlare di cose assurde emanate per decreto. Abbiamo vissuto momenti in cui se all'interno di un'azienda uno moriva di Covid la colpa era del datore di lavoro. Una cosa per me inaccettabile perché va benissimo sanzionare, anche chiudere se vuoi, l'azienda che non applica i protocolli previsti. Ma di qui a

dare la responsabilità morale, penale, civile ed amministrativa ad un datore di lavoro no! Se un mio dipendente si ammalava, come facevo io a sapere dove aveva contratto il Covid e cosa facesse nella sua vita privata?

Una cosa così spropositata da essere poi stata mitigata con il fatto che l'azienda dimostrasse di aver effettivamente applicato i protocolli di sicurezza. E quindi, se si riuscisse a trovare un equilibrio vivendo una eventuale altra crisi con responsabilità, sarebbe l'ideale».

Una scuola moderna solo a parole

Ha dimostrato tutte le sue debolezze la scuola italiana durante la pandemia. Problemi dovuti anche ai continui cambi di rotta su gestione e modalità di insegnamento: dalle scuole per l'infanzia ai licei si è corsi ai ripari per mettere in piedi più velocemente possibile, e ognuno in forma autonoma, una forma di Didattica a distanza che permettesse di non interrompere il rapporto con gli alunni.

Il risultato è sotto gli occhi di tutti, e, come vedremo in questo capitolo, sono fioccati i problemi di sicurezza informatica nella gestione delle aule virtuali, affidate alla buona volontà di qualche dirigente e in qualche caso, addirittura allo stesso docente. Certo, il Piano Nazionale Scuola Digitale che accompagnava la legge 107/2015 (la cosiddetta **"Buona scuola"**) non poteva prevedere lo scoppio di una pandemia come quella in cui tutt'oggi ci stiamo dibattendo.

Di sicuro ha dimostrato che non basta una Lim e qualche pc per definire digitale una scuola. L'impreparazione di una parte non trascurabile di maestri e docenti (particolarmente quelli più anziani) ha messo in evidenza che la prima formazione dovrà essere fatta a loro, ancor prima dei ragazzi, che appartenendo ai cosiddetti "nativi digitali" hanno certamente avuto meno problemi di adattamento, quando addirittura non sono stati essi stessi autori degli atti di pirateria informatica, anche di cattivo gusto, messi in essere.

E allora, dopo aver fatto una breve storia della didattica a distanza, vedremo come si sono organizzate in materia le Università, che in alcuni casi non hanno affatto sfigurato con le sorelle telematiche, sulle quali pure faremo una carrellata. Infine, senza scendere in discorsi pedagogici, non tanto per la complessità quanto perché si allontanano dal "film" sulla pandemia in Italia che stiamo raccontando, sempre attraverso qualche intervista e attraverso le cronache di quotidiani e periodici scatteremo una foto alle problematiche di sicurezza emerse negli esperimenti di aula virtuale e accenneremo al problema dei ragazzi Bes, intorno ai quali sono sorti interessanti dibattiti.

La didattica a distanza:
un po' di storia ...

In principio fu il maestro **Alberto Manzi**[38] con la sua fortunatissima trasmissione *"Non è mai troppo tardi"*. Grazie a lui quasi un milione e mezzo di italiani conseguirono la licenza elementare, e la sua idea di insegnamento a distanza tramite la televisione venne riprodotta all'estero in ben 72 Paesi.

---

[38] (Roma, 3 novembre 1924 – Pitigliano, 4 dicembre 1997) docente, pedagogista, personaggio televisivo e scrittore italiano. La sua trasmissione televisiva "Non è mai troppo tardi" andò in onda fra il 1960 e il 1968

Bisognerà attendere il 1992 per vedere la nascita di un nuovo esperimento, che al mezzo televisivo affiancò poi anche un nuovo strumento di comunicazione che iniziava a far capolino in quegli anni tra le persone: internet. La nuova realtà portava il nome di **UniNettuno**, e nacque dal modello didattico del **Consorzio Nettuno per l'Università Ovunque**, composto da 43 Università italiane e straniere, con lezioni in italiano, arabo, inglese e francese. Le lauree che rilascia dal 2005, anno in cui è stato emesso il decreto che l'ha riconosciuta come Università telematica, sono valide in Italia, in Europa ed in alcuni paesi del Bacino mediterraneo. Il consorzio, per la cronaca, fu promosso dal Ministero dell'Istruzione dell'Università e della Ricerca per la realizzazione di Corsi Universitari a Distanza, in attuazione dell'articolo 11, comma terzo, della legge 341 del 19 novembre 1990, che riformava gli ordinamenti didattici universitari. Migliaia di studenti si sono laureati a distanza tramite televisione e Internet seguendo i corsi di Uninettuno.

Secondo il progetto iniziale dell'allora ministro della Ricerca **Antonio Ruberti,** cui si deve la riforma del 1990 e una spinta alla nascita del Consorzio Uninettuno, l'Italia avrebbe dovuto puntare su un modello di Università a distanza basato sull'interazione tra Università tradizionali, settore industriale e imprese tecnologiche piuttosto che su quello delle Open University di matrice anglosassone.

Con la diffusione molto più ampia e capillare di internet e soprattutto con il graduale potenziamento della banda disponibile per gli utenti, si cominciò a pensare anche in Italia alla creazione di Università telematiche che, tra l'altro, avrebbero avuto il pregio di consentire a chi già era entrato nel mondo del lavoro ma non aveva avuto possibilità di conseguire un diploma di laurea di portare a termine la laurea specialistica di poter colmare questa lacuna.

La svolta si ebbe nel 2003: con il **decreto del 17 aprile del 2003** il Ministro dell'Istruzione, dell'Università e della Ricerca **Letizia Moratti** regolamentò l'accreditamento dei corsi universitari indicando tutti i requisiti che le università online dovevano possedere.

La cronologia, che oggi vede l'esistenza di 11 atenei telematici, è riportata di seguito:

La prima Università telematica a presentare istanza di accreditamento nel marzo 2004 è stata la **Guglielmo Marconi**, con sede centrale a Roma. Ad oggi l'offerta formativa dell'UniMarconi offre 30 corsi di Laurea, 70 master, dottorati, corsi di specializzazione, alta formazione e programmi di studio internazionali che prevedono il rilascio di titoli doppi.

Dopo circa un mese, il 7 maggio 2004, è nata l'Università telematica **TELMA**, che il 31 marzo 2010, a seguito di accordi tra Formez e Sapienza Università di Roma, ha assunto la nuova denominazione **"Unitelma Sapienza"**. L'Unitelma è l'unica Università telematica italiana sostenuta da un consorzio a maggioranza pubblica. L'offerta formativa proposta dall'Unitelma è settoriale, infatti i Corsi di laurea che propone sono due: Economia e Giurisprudenza.

Sempre nello stesso anno, nel mese di ottobre, viene accreditata l'Università **Leonardo Da Vinci**, anche detta **UniDav**. La nascita di quest'Ateneo è stata voluta dell'Università degli Studi "Gabriele d'Annunzio" e della Fondazione Ud'A (Fondazione Università

Gabriele d'Annunzio). Le facoltà erogate sono Psicologia, Scienze della Formazione e Scienze Manageriali.

Nell'aprile 2005 nasce **UniNettuno**, del cui sviluppo cui abbiamo parlato in altra parte di questo paragrafo, che offre la possibilità di sostenere gli esami anche nelle sedi estere. Le facoltà sono 6: Lettere, Economia, Giurisprudenza, Psicologia, Ingegneria e Scienze della Comunicazione.

Il 2 dicembre 2005 nasce a Firenze **l'Università telematica Italian University Line, IUL**. L'offerta formativa si concentra nell'ambito della formazione, tant'è che l'unico corso di Laurea triennale erogato è Metodi e tecniche delle interazioni educative.

Il 2006 è stato "l'anno boom": sono infatti nate sei Università telematiche.

Il 13 aprile è stata istituita **l'Università Giustino Fortunato**, che nel 2010 ha ottenuto il Certificato di Qualità.

Il 20 aprile è nata l'**Università telematica Pegaso**, fondata da **Danilo Iervolino**. L'Università Pegaso ha dimostrato negli anni di essere sempre vicino alle esigenze degli studenti e di essere in grado di supportarli nel loro percorso universitario. Ingegneria civile, Scienze turistiche, Economia aziendale, Scienze dell'educazione e della formazione, Scienze motorie, Lettere sapere umanistico e formazione sono le lauree triennali proposte, oltre alle biennali magistrali in Scienze pedagogiche, Management dello sport e attività motorie, Scienze economiche, Ingegneria della sicurezza e magistrale a ciclo unico in Giurisprudenza sono le offerte proposte, che, oltre a diversi master di primo e secondo livello e diverse altre proposte ne fanno un colosso della proposta formativa in Italia.

L'8 maggio è nata **Unitel Srl**, oggi conosciuta come **Università telematica San Raffaele Roma**. L'offerta formativa prevede 3 facoltà: Scienze Motorie, Agraria, Architettura e Design Industriale. Le sedi d'esame sono ubicate a Roma e Milano.

A distanza di due giorni, il 10 maggio 2006, è nata **l'Università Niccolò Cusano**. Nella sede di Roma l'Unicusano, su modello anglosassone, ha progettato un campus immerso in 6 ettari di verde.

Il 12 giugno 2006 è nata l'**Universitas Mercatorum**, creata dal sistema delle Camere di Commercio italiane, e l'unico Corso di Laurea sia triennale che magistrale erogato è Economia.

ECampus, infine, ha visto la luce nel gennaio 2006. La sede centrale è ubicata a Novedrate (CO) dove tutti gli studenti possono beneficiare di un campus immerso nel verde della Brianza[39].

---

[39] Fonte: http://unitelematiche.it/storia-universita-telematiche-italiane

Università tradizionali e pandemia

Appare fin troppo scontato evidenziare che le 11 Università telematiche attualmente riconosciute abbiano ricevuto ben poche conseguenze dal distanziamento sociale imposto durante la fase1 della pandemia. Passare dagli esami e sedute di laurea in presenza alle rispettive versioni online è stato davvero un passo breve. Non così è stato per gli altri Atenei, con le dovute eccezioni. In questo paragrafo facciamo una panoramica di quel che è successo in Campania. Un dato è possibile rilevare anche da un sintetico colpo d'occhio come quello che stiamo per fare: anche tenendo presente l'autonomia di gestione che ogni Ateneo possiede, non ci sono state affatto indicazioni da parte di chi, all'interno del Governo, è deputato a seguire l'Università e la ricerca. Ognuno ha seguito la strada che ha ritenuto più opportuno mentre, come è ragionevole ipotizzare, una soluzione unica adottata congiuntamente da tutte le Università italiane avrebbe giovato in termini di costi ed efficienza.

Iniziamo dalla **Federico II di Napoli**, che già aveva avviato da tempo il suo progetto di e-learning "**Federica**" e che di certo ha parato bene il colpo della sospensione delle lezioni in presenza.

Un po' più farraginoso è stato il percorso di **Unisa**, che solo dal 6 aprile ha attivato esami e sedute di laurea in modalità telematica attraverso la piattaforma Microsoft teams, e tra l'altro con un meccanismo di controllo della regolarità dell'esame che a primo impatto sembra decisamente poco pratico. Lo riportiamo per dovere di cronaca. L'ateneo ha deliberato che dovesse essere accertata:

a) l'identificazione certa del candidato;

b) lo svolgimento dell'esame in forma pubblica, prevedendo l'accesso virtuale alla seduta da parte di terzi, o comunque la compresenza di almeno un testimone, anch'esso da identificare, con il candidato stesso fino al termine della prova;

c) la visualizzazione dell'esaminando e la controllabilità della sua postazione per tutta la durata della prova;

d) i necessari adempimenti per la corretta verbalizzazione dell'esame.

Gli esami scritti sono stati trasformati in orali quando possibile, incontrando comunque difficoltà concrete per le prove che in forma scritta son dovute restare.

Più veloce **Unisannio**, che già il 13 marzo annuncia sulla bacheca elettronica del suo sito l'avvio di tutte le attività, dalle lezioni agli esami, in modalità remota. Unisannio, dopo una rapidissima fase sperimentale avviata già prima che fosse proclamato il lockdown, ha scelto la piattaforma WebEx Meeting della Cisco, dando vita, leggiamo sulla bacheca dell'Ateneo, *"ad una vera e propria "aula virtuale" che consente di partecipare, interattivamente, da remoto, ai corsi organizzati dall'Ateneo, ma anche la pubblicazione di materiali didattici, la trasmissione e lo svolgimento on line di video-lezioni, l'assegnazione di compiti, la valutazione dell'apprendimento e il dialogo tra docenti e studenti, nel rispetto del GDPR"*.

Di Microsoft teams si è avvalsa anche la **Luigi Vanvitelli** (ex SUN - Seconda Università di Napoli) a partire dal 16 marzo, e parimenti ha fatto anche l'Orientale, dal 13 marzo.

Già dotata da tempo di una sua piattaforma e-learning, non ha avuto grandi problemi l'**Università Parthenope**, che ha vi ha solo affiancato la piattaforma Moodle per gli esami scritti. Si è affidata, infine, alla piattaforma di Google Hangouts (ora Google Meet) la **Suor Orsola Benincasa**.

Della situazione complessiva delle Università italiane in questo periodo di pandemia si è occupato *Mashable*, la nuova iniziativa editoriale del gruppo GEDI.

"Con l'emergenza sanitaria Coronavius che ha portato al lockdown lo scorso 10 marzo, la didattica universitaria si è trasferita online – si legge nell'inchiesta - Studenti e docenti hanno potuto continuare a svolgere - non senza difficoltà - la quasi totalità dei corsi, a sostenere 70 mila esami e ad affrontare 30 mila sessioni di laurea (dati CRUI, Conferenza dei Rettori delle Università italiane)".

Tutti contenti? Parrebbe proprio di no. La testata ha raccolto una serie di dichiarazioni di studenti di opposte opinioni.

Giulia, ventitré anni, studentessa di biotecnologie, racconta che *"Il professore ha spiegato per tutto il tempo veloce come un treno, pretendendo che in piena quarantena ci procurassimo libri, senza spiegarci come fare. Siamo stati lasciati completamente allo sbando".* Decisamente soddisfatta invece la dichiarazione di Gabriele, studente di Ingegneria: *"La didattica a distanza è una bomba: possibilità di interagire in maniera ordinata con il professore facendo domande in tempo reale. Possibilità di farlo comodamente da casa tua, col pigiama e ogni tanto una sigaretta che elimina lo stress. Ma cosa vogliamo di più?".*

Le Università sono state tempestive, come del resto abbiamo riscontrato dalla nostra breve analisi sulla situazione campana, ma "gli studenti hanno vissuto l'esperienza fra paure e successi, aspetti positivi e negativi, riscontrando in alcuni casi non pochi problemi".

Quali sono questi problemi? Di sicuro l'inesperienza nell'uso dello strumento da parte di tanti docenti, per esempio. Lo conferma la Giulia già citata: *"Il professore parlava e nemmeno si accorgeva di chi gli chiedeva di rallentare per spiegare di nuovo un argomento. Era come se stesse facendo lezione da solo"*.

Un altro studente racconta che *"Le uscite didattiche e i laboratori sono stati annullati e non ho potuto svolgere le ore di tirocinio. Non so ancora se potrò laurearmi entro dicembre, nonostante mi manchino solo due esami"*.

Una ragazza, di nome Carola, nel servizio di Mashable mette in evidenza un vantaggio di cui tanti lavoratori in smart working hanno parlato, e che abbiamo ampiamente trattato nel capitolo 5. Ma leggiamo cosa ha dichiarato: *"Ogni giorno impiegavo minimo tre ore di spostamento sui mezzi tra auto, treno e metro per raggiungere l'università, senza parlare dei ritardi cronici. Ora che seguo da casa riesco finalmente a dormire le canoniche otto ore per notte che non vedevo dal liceo. In fine, non passo più il tempo alla ricerca di un posto dove studiare, davvero difficile da trovare tra le aule universitarie"*.

Volendo fermare qui la nostra analisi, una cosa possiamo sottolineare con forza: la didattica a distanza non si può inventare da un giorno all'altro, come comunque con coraggio hanno provato a fare tanti Atenei. Sicuramente, al di là del fatto che ad oggi non possiamo conoscere gli sviluppi futuri di questa pandemia e quando sarà davvero disponibile un vaccino, le Università italiane dovrebbero far tesoro dell'esperienza e inserire in forma stabile possibilità di studiare a distanza. A guadagnarne sarebbe certamente lo studente sgravato di costi a volte importanti di viaggio o, ancora più pesanti di vitto e alloggio in loco. Ma anche l'ambiente, che in questi pochi mesi di lockdown ci ha mostrato che è ancora possibile riavere un mondo pulito, ringrazierebbe sentitamente.

Dad per tutti
e sicurezza informatica

Non è stata immune da problemi anche seri l'esperienza forzata di didattica a distanza, cui gli studenti italiani sono stati sottoposti a causa del distanziamento sociale imposto a causa della pandemia. A decine si sono contati gli incidenti informatici, anche a causa di un corpo docente non ben preparato in materia, come evidenzia **Annamaria**, che insegna inglese in un istituto superiore dell'entroterra vesuviano:

«Noi docenti ci siamo dovuti reinventare. Sebbene il PNSD (Piano Nazionale Scuola Digitale) sia ormai attivo da tempo, in realtà il personale non era davvero formato per la didattica digitale a distanza. Molti colleghi prossimi alla pensione hanno incontrato, comprensibilmente, non poche difficoltà ad adeguarsi a questi nuovi strumenti e metodologie e ad essere sinceri probabilmente nessuno era realmente pronto. Anche perché, sin dall'inizio dell'emergenza, non sono arrivate istruzioni chiare ed un coordinamento univoco per tutti gli istituti; pure per cose fondamentali come ad esempio la scelta delle piattaforme da utilizzare per la DAD. Ogni istituto si è organizzato indipendentemente, facendo ricorso a diverse app di videoconferenze e a volte abbiamo avuto delle difficoltà per questo».

- Ad esempio? Che tipo di difficoltà?

«È capitato che i server fossero intasati e non si riuscisse ad avere una connessione stabile o di avere l'ingresso di disturbatori nelle classi digitali e quindi di essere obbligati a migrare su altre app in tempo reale. E poi succede che qualche

studente non riesca a connettersi perché dove abita non ha linea o non dispone dei mezzi per farlo, o che non possa ricollegarsi perché magari non può scaricare un'altra applicazione sul cellulare... e così si fa contemporaneamente lezione con alcuni collegati in chat, altri in chiamata, su app diverse e così via. È evidente come insegnanti meno esperti abbiano potuto incontrare non poche difficoltà con un approccio improvviso ed improvvisato a queste modalità ed in questo non abbiamo ricevuto supporto o formazione. Ci siamo aiutati tra colleghi, provando e seguendo video e tutorial online. C'è stato indubbiamente un impegno considerevole e tanta buona volontà da parte della classe docente, ma l'abbiamo fatto con dedizione, soprattutto per restare vicino ai ragazzi, non solo come insegnanti, ma anche educatori ed in generale umanamente, in un periodo così complesso anche da un punto di vista psicologico».

- Qual è stata la risposta dei ragazzi?

«Penso che i ragazzi abbiano apprezzato il nostro sforzo. Ho avuto dei riscontri positivi anche in termini di attenzione da parte di alcuni studenti, che non mi sarei aspettata. Nel mio istituto siamo riusciti anche a fare le lezioni di potenziamento a distanza con ragazzi BES (con bisogni educativi speciali) e non era scontato. Nel complesso sono orgogliosa della risposta positiva dei ragazzi, che si sono tutti impegnati a fondo».

E mentre addirittura il corpo giuridico si è interrogato sulla legittimità del costringere gli allievi a usare la webcam (si pensi allo studente che abbia la disponibilità di un solo pc munito di webcam installato però nello studio privato del genitore, oppure in un luogo frequentato da tutta la famiglia, quale può essere la cucina. O ancora allo studente che non voglia mostrare le pessime condizioni in cui versa l'immobile in cui vive), la cronaca ci ha restituito, in questo quadro in buona parte caotico e improvvisato, numerosissimi episodi di hackeraggio delle applicazioni usate per la DAD. Ne dà un quadro sufficientemente esaustivo **Italia Oggi**, che a pagina 9 dell'edizione del 23 aprile titola: *"Bullismo sulle lezioni online"*. Ne riportiamo il testo:

"Zoombombing: è il cyberbullismo che sta infettando le lezioni online. L'emergenza Covid-19 ha costretto a dirottare le lezioni sul web ma i docenti (e gli studenti) si trovano ora alle prese con le insidie della rete e un certo entusiasmo iniziale lascia il posto a non poche preoccupazioni. L'ultima indagine della polizia postale riguarda gli attacchi di hacker alle lezioni via computer su una piattaforma assai diffusa, Axios. Obiettivo dei bulli informatici: inserire durante le spiegazioni degli insegnanti inserti indesiderati, magari sconci, ma anche sottrarre momenti della lezione da utilizzare poi in vario modo sui social per sbeffeggiare docenti e studenti. «La nostra struttura è continuamente vessata da attacchi informatici da parte di hacker», dicono ad Axios. «I nostri sistemi sono sicuri ma l'enorme numero di accessi fraudolenti può bloccare il regolare accesso ai servizi». Il problema si pone per tutte le piattaforme: Zoom, Meet, Teams, Skype, riguardo quest'ultima una madre, Valentina, ha pubblicato sul web una testimonianza: «Su Skype alcuni alunni sanno come silenziare gli altri studenti e addirittura cacciarli via dalla classe, quindi si pratica una sorta di bullismo virtuale con cui quelli che hanno giocato di più ai videogiochi e quindi sono più tecnologici, zittiscono, togliendo il microfono e il video, i più deboli. I ragazzi sono esasperati e chiedono di tornare a scuola».

Il fenomeno è talmente diffuso che alcuni presidi hanno inviato mail agli studenti e ai genitori ricordando l'obbligo del rispetto della normativa vigente sulla privacy: «È assolutamente vietato estrarre e/o diffondere foto o videoregistrazioni relative alle persone presenti in videoconferenza e alla lezione online. La violazione delle norme comporta la responsabilità civile e penale in capo ai trasgressori ma anche a coloro che ne hanno la responsabilità genitoriale». Insomma, un richiamo anche alle famiglie affinché i loro figli nelle classi virtuali si attengano a comportamenti corretti.

Il sito Orizzonte Scuola annota: «Stanno emergendo certamente grossi problemi di sicurezza e privacy, ma anche e soprattutto criticità legate all'etica digitale. Attacchi di troll[40] *organizzati, con contenuti violenti, razzisti e pornografici nel bel mezzo di call di lavoro o chat personali fino ai tentativi quasi sempre riusciti di «buttare fuori» partecipanti di una call, in modo improvviso e violento».* Dello stesso tenore è quanto scrive un altro sito specializzato, **OggiScuola**: *«Mentre i professori ancora annaspano nella selva delle piattaforme gli studenti smanettoni li mettono al tappeto. Padroni del mezzo e dei segreti informatici hackerano con facilità la didattica».*

Tra i tanti casi, quello della scuola media Settembrini di Roma costretta a sospendere per un po' l'attività didattica online e ad avvisare il ministero: durante una videolezione di inglese sono comparse immagini porno e violente. In un istituto di Napoli sono risultati iscritti a una classe alunni inesistenti, perfino Paperon de' Paperoni, e nella lezione di storia sono apparse scene della serie Netflix *"La casa di carta".* In Liguria i presidi hanno ricevuto una nota del dirigente dell'Ufficio Scolastico, Loris Perotti: «Giunge segnalazione di diversi e ripetuti atti

---

[40] I primi riferimenti all'uso del termine *"troll"* sono presenti nell'archivio Usenet e risalgono agli anni ottanta. Non è tuttavia chiaro se il significato attribuito al termine fosse quello successivamente attribuitogli o se fosse un semplice epiteto utilizzato fra i vari possibili. L'origine più probabile del termine troll è nella frase *"trolling for newbies"*, che divenne popolare nei primi anni 1990 nel gruppo **Usenet alt.folklore.urban**: un detto scherzoso fra utenti di lunga data che presentavano domande o argomenti tanto ripetuti e dibattuti che solamente un nuovo utente poteva perder tempo a rispondervi. Altri estesero il significato per includere il comportamento di utenti disinformati; tuttavia i troll erano ancora considerati nell'accezione ironica, più che provocatrice.
Dal sostantivo troll si derivano comunemente, sia in lingua inglese sia tramite l'adattamento alla lingua italiana, il verbo to troll (tradotto in trollare o trolleggiare), trolling (trolleggio), ovvero l'agire come un troll (fomentare gli animi provocatoriamente).

di disturbo e interferenza compiuti da parte di studenti estranei alla classe o addirittura al mondo scolastico». Mentre a Pavia il preside dell'istituto Luigi Cossa ha redatto un «avviso agli studenti»: «Purtroppo si sta diffondendo il fenomeno dello zoombombing, riconducibile alla diffusione abusiva delle credenziali di accesso che consente a terzi non autorizzati di introdursi nella lezione e disturbare con contenuti talvolta offensivi o pornografici. Lo zoombombing è un reato (interruzione di pubblico servizio) e chi diffonde abusivamente le credenziali di accesso potrebbe rendersi responsabile di concorso o favoreggiamento di quel reato».

Solo a marzo sono state 278 le segnalazioni arrivate alla **Fondazione Carolina** (fondata da **Paolo Picchio**, in nome della figlia Carolina, prima vittima riconosciuta di cyberbullismo) relative a fenomeni di bullismo nella didattica online svelando una faccia della medaglia se non inaspettata sicuramente sottovalutata per quanto riguarda l'insegnamento attraverso la rete: da apprezzamenti, insulti e foto (carpite durante le lezioni) ritoccate, fatte circolare in gruppi WhatsApp, agli insulti anonimi rivolti ai docenti con intrusioni durante l'attività didattica, fino all'inserimento improvviso di spot esplicitamente a contenuto sessuale. Dice Picchio: «C'è addirittura un gruppo in Telegram che per non lasciare dubbi sulle proprie intenzioni si intitola: Assaltiamo le videolezioni, e spiega: Se hai un link per la videolezione mandalo, ci pensiamo noi e buona visione. I ragazzi si scambiano così i link delle proprie aule virtuali per disturbare insegnanti e compagni». Aggiunge il segretario generale della fondazione, **Ivano Zoppi**: «Quello di cui si viene a conoscenza è solo la punta di un iceberg che continua a crescere e ad avanzare indisturbato nonostante la costante convivenza tra genitori e figli. Il branco si concretizza anche tra le pieghe del web».

L'allarme si basa su dati concreti ma ha pure uno scopo preventivo, scuola e famiglia debbono affrontare il problema. Aggiunge Zoppi: «Noi adulti dobbiamo fare la nostra parte, riprendendoci il ruolo educativo e accompagnando i nostri ragazzi, perché se è vero che le ore di utilizzo dell'online sono aumentate esponenzialmente (il 73% dei giovani, chiusi in casa, passano anche dieci ore dinanzi al computer), paradossalmente c'è meno controllo».

Tra l'altro a pagare i danni (responsabilità civile) provocati dai figli minorenni a coetanei e professori sono i genitori e una recente sentenza del tribunale di Caltanissetta ha espressamente stabilito che «tra i doveri educativi dei genitori rientra anche quello di insegnare l'uso corretto delle tecnologie».

Non è stato affatto trascurato, in questo contesto drammatico della fase1 della pandemia, il problema del poter assistere adeguatamente a distanza i ragazzi con **Bisogni Educativi Speciali**, o **Bes**. Del problema si sono occupati anche, con un progetto cui è stato dato come titolo *"Oltre le distanze"*, la **Fondazione Agnelli** in sinergia con **Gedi visual** e **Google**, e con la collaborazione dell'**Università di Bolzano**, di quella di **Trento**, e di **Lumsa**.

A partire dal 7 maggio, sul sito dedicato all'iniziativa si sono succeduti 9 Webinar e 45 Workshop online in forma gratuita, rivolti in particolare a insegnanti di sostegno e curricolari, dall'infanzia alle superiori. Vi hanno partecipato - segno che il problema è stato tutt'altro che trascurabile - i migliori esperti di pedagogia dell'inclusione.

Le domande cui l'iniziativa voleva rispondere sono: "Come fare una didattica a distanza più efficace per sostenere l'inclusione? Quali strategie e interventi per proseguire il lavoro con gli allievi con disabilità e Bisogni educativi speciali, che più degli altri stanno soffrendo la chiusura delle scuole?".

Ci hanno provato in un confronto che complessivamente è durato oltre sette ore, e che sarebbe davvero pretenzioso voler riassumere - necessariamente in poche righe - qui. Ma il lettore interessato può godersi tutto online a questo indirizzo:

https://lab.gedidigital.it/gedi-visual/2020/oltre-le-distanze/.

E dopo, quale normalità?

Siamo in dirittura di arrivo. Ci avviciniamo agli strumenti con i quali ripartire, analizzando sia quelli che dovranno servire per il rilancio dell'economia, sia quanto occorre assolutamente realizzare in Italia per non continuare ad avere servizi online non proprio all'altezza di quelli disponibili altrove in Europa, e per non rischiare che nuovamente la comunicazione si veda togliere il terreno da sotto i piedi in una nuova situazione di crisi sempre possibile, e non necessariamente legata al Covid19.

Parleremo anche di vaccino, con quel che c'è intorno dal punto di vista politico ed economico.

Già, perché prima di curare le persone (si calcolano almeno 9 miliardi di dosi necessarie, quindi quando ci sarà davvero non sarà subito per tutti) curerà tasche e immagini politiche.

Questo è il capitolo decisamente più complesso di questo lavoro, per una motivazione ben evidente: molto di quel di cui parleremo letteralmente non è ancora successo, nel senso che il Governo italiano non ha ancora deciso, al momento della chiusura del lavoro, se avvalersi del Mes, e quali progetti presentare per ottenere i fondi del Recovery Fund la cui ripartizione (ancora teorica) risale alla riunione che ha assomigliato troppo ad una resa dei conti conclusasi nelle prime ore del 21 luglio 2020.

Il Fatto Quotidiano[41] apre così l'articolo che ne dà l'annuncio: *"Sono le 5.31 della mattina quando sul profilo Twitter del presidente del Consiglio europeo, Charles Michel, compare il post atteso da giorni: "Deal!", accordo. All'alba del quinto giorno, i capi di Stato e di governo dell'Ue hanno raggiunto un accordo sul Recovery Fund al termine del vertice più lungo della storia, durato 92 ore, che ha battuto il record di quello di Nizza del 2000 "*.

Prima di addentrarci nell'argomento della ripartenza, non possiamo non fare un passaggio sugli episodi meno edificanti emersi durante la corresponsione dei vari bonus. Una pratica, quella dei contributi a pioggia, condivisibile o meno, ma sicuramente piuttosto onerosa, con cui si è cercato di lenire il disagio di chi si era trovato all'improvviso senza reddito o comunque con un pesante calo dello stesso.

Non parliamo solo del vergognoso e inqualificabile caso dei deputati **Elena Murelli** e **Andrea Dara**, leghisti, e del 5Stelle **Marco Rizzone**. Per quest'ultimo, se si ascoltasse il video di giustificazioni postato in rete, potrebbe essere facilmente abbandonato ogni freno inibitore a favore non dico di violenza fisica, ma almeno di una sana "libera espressione delle emozioni attraverso la vocalità".

Parliamo anche dei 350 e passa notai che senza i 600 euro al mese del bonus - poverini - sarebbero finiti alla mensa dei poveri, e di quanto riporta **il Sole24Ore**[42] in un articolo del quale trascriviamo solo un passaggio: *"Chi ha preso il bonus da 600 euro in marzo lo ha preso in via*

---

[41] https://www.ilfattoquotidiano.it/2020/07/21/recovery-fund-intesa-raggiunta-su-750-miliardi-allitalia-36-in-piu-82-a-fondo-perduto-e-127-di-prestiti-conte-momento-storico-ora-ripartire-con-forza/5874746/

[42] https://www.ilsole24ore.com/art/inps-bonus-sospetti-vaglio-dell-antifrode-valgono-48-milioni-ADexfdj

automatica anche ad aprile. Per questo i 40mila casi al vaglio dell'unità Antifrode Inps per verificare se non ci siano i margini per esercitare un'azione di recupero per indebiti pagamenti potrebbero riguardare due bonus, per un totale di 1.200 euro, vale a dire fino a 48 milioni di spesa. Solo in maggio, per la terza serie di questo bonus, concepito all'inizio della crisi per dare un sollievo a 11 categorie di lavoratori autonomi privi di ammortizzatori sociali, è scattato il requisito del calo di fatturato ed è stata coinvolta, accanto a Inps, anche l'Agenzia delle Entrate ".

La situazione di quello che si può certamente definire un disservizio e una inefficienza dell'Inps (ma per **Pasquale Tridico**, presidente dell'Istituto, c'era la necessità di far presto, senza controlli) non è un caso isolato: aggiungiamo alla lista un altro "capo di imputazione", ma è solo uno dei tanti su cui si parla, ovvero la cassa integrazione. Nell'intervista all'ex presidente di Confindustria Salerno Mauro Maccauro l'argomento si è appena sfiorato, ma stanno iniziando a parlarne con prudenza anche altri in Italia: ci sarebbero diversi casi di richiesta di cassa integrazione inoltrati senza rientrare nei parametri e categorie previste, e magari (si dice da più parti) utilizzate per far lavorare a nero in quel periodo i propri dipendenti.

Non c'era bisogno di un caso emergenziale come il Coronavirus per dimostrare superficialità di gestione delle casse dell'Istituto Nazionale di Previdenza Sociale. Se andiamo indietro al reddito di cittadinanza, quindi al 2019, ci rendiamo conto che anche lì c'è stata prima un'erogazione indiscriminata, poi sono stati messi in piedi controlli grazie alle anagrafi dei Comuni, per verificare macchinosamente solo il requisito della residenza da 10 anni sul territorio e poco altro. Ma chi, essendo del luogo e quindi bene addentro al tessuto sociale, avesse avuto conoscenza di situazioni reali e poco chiare, attraverso la macchinosa piattaforma allestita per i controlli non avrebbe avuto alcuna possibilità di segnalazioni che non fossero dei flag sui requisiti che, almeno in apparenza, si dovevano possedere. Le cronache poi son piene, e non le riportiamo perché alla fine non attinenti al nostro discorso, degli svarioni clamorosi che sono stati fatti nella concessione del beneficio.

Chi legge questo lavoro spenderebbe con altrettanta leggerezza il proprio danaro? Riteniamo di no.

Mes, Recovery Fund, Btp: quali strumenti per ripartire?

Mai l'Europa ha rischiato così seriamente di scomparire come nella crisi venuta fuori a seguito del Coronavirus, mostrando contraddizioni e lotte clandestine che evidenziano che tra l'attuale Comunità Europea ed i progetti iniziali vi sia praticamente la differenza che esiste tra il giorno e la notte. Tra Paesi che fanno dell'esser paradisi fiscali la loro forza principale; modi operativi diversi per quasi ogni campo di azione; politiche fiscali non simili tra Stato e Stato di una medesima, teorica, comunità; spiriti nazionalistici e populismo, davvero sembra dissolto lo spirito iniziale che porto alla Cee, di cui leggiamo traccia sul sito ufficiale, e che in qualche modo sembra abbia iniziato a dissiparsi dopo la caduta del muro di Berlino e l'allargamento a Stati la cui cultura sociale ed economica non si è sviluppata in simbiosi con quella che potremmo definire, in qualche modo, "storica" della "vecchia Europa".

Parimenti, mai più di ora L'Italia ha dimostrato di essere il membro tra i meno forti dell'Europa, soprattutto rispetto a Francia e Germania, ma anche rispetto a quelli che sono stati definiti "**Paesi frugali**".

Cosa siano quest'ultimi prova a spiegarlo "**Il Messaggero**"[43] del 20 luglio: "*Olanda, Austria, Danimarca e Svezia, più Finlandia e repubbliche baltiche, formano il gruppo dei cosiddetti paesi frugali. Ma chi sono e perché si* *chiamano così? Si tratta di paesi dalle economie molto simili - piccole, efficienti e pronte ad approfittare del mercato interno europeo - che in ambito comunitario stanno contrastando big come Germania e Francia (ma anche l'Italia). Il termine è stato coniato dal Financial Times, che aveva usato la parola inglese "frugal" (parsimonioso) per indicare Austria, Danimarca, Olanda e Svezia, i primi quattro paesi ad aderire a questo fronte".*

Probabilmente se Germania e Francia, che come abbiamo già evidenziato, al 30 giugno si son ritrovate con una situazione economica in termini di perdita di Pil vicina o addirittura peggiore della nostra (-10,1% per la Germania e -13,8 per la Francia rispetto al -12,4% dell'Italia), non avessero percepito un crollo dell'Italia come catastrofico anche per le loro economie, non si sarebbero spese tanto per una mediazione che alla fine ha visto il 28% del Recovery Fund destinato all'Italia, sia pure con un riequilibrio fra erogazioni a fondo perduto e prestiti: rispettivamente circa 81,4 miliardi di sussidi e 127,4 di prestiti. Sono fondi su cui vale la pena interrogarsi sul fatto che siano davvero di libera gestione italiana o abbiano delle condizioni, e quali. Diciamo subito **che già a maggio la Commissione aveva fissato i paletti degli ambiti in cui spendere obbligatoriamente i soldi**: è stato chiesto all'Italia di focalizzarsi su alcuni aspetti fondamentali tra cui **salute, liquidità per imprese, occupazione, efficienza dei settori amministrativo/giudiziario, crescita sostenibile, transizione verde, trasformazione digitale.**

Alcuni "dettagli" relativi ai veri costi di questi finanziamenti non

---

[43] https://www.ilmessaggero.it/mondo/paesi_frugali_chi_sono_ultime_notizie-5357546.html

sono stati, per motivi su cui indagare in questo contesto non ha particolare rilevanza, sufficientemente trattati dal mondo dell'informazione. Eppure sono dettagli importanti, che **fanno scendere il valore della somma erogata a "fondo perduto" dalla Ue da 82 a soli 25 miliardi (per qualcuno 30/32)**. Non parliamo invece dei 127 miliardi perché si tratta di prestiti, che tra l'altro hanno un costo, e che dovranno essere in ogni caso restituiti.

Il costo nascosto è nelle spettanze che l'Italia dovrà corrispondere alla Ue, e che compenseranno anche i *rebate* concessi ai Paesi frugali e faranno salire a 58 miliardi il contributo che dal 2028 l'Italia dovrà versare nelle casse dell'Unione.

Del problema parla in modo semplice ma sufficientemente esaustivo **affaritaliani.it**[44] il 21 luglio: "*Dopo 4 giorni di trattative, dopo mesi di scontri, c'è già chi parla impropriamente di "Piano Marshall" riferendosi al piano del Recovery Fund che l'Ue destinerà alla ripresa Paesi colpiti dal Covid; un piano da 750 miliardi di euro, 390 a fondo perduto e 360 come prestiti. I 12,7 miliardi di dollari che gli Stati Uniti usarono per inondare l'Europa nel Secondo dopoguerra (dal 1947 al 1951) oggi, aggiornando il potere d'acquisto, varrebbero 937 miliardi di euro e quel denaro era tutto a fondo perduto.*

Con il nuovo Recovery Fund ora comanda in Europa e determinerà il futuro di milioni di cittadini chi starà nella stanza dei bottoni a decidere quali settori saranno oggetto di nuove tassazioni e quali meccanismi di approvazione dei piani saranno considerati validi. E saranno dolori per chi ha problemi immediati di liquidità. Il quadro lo si evince soprattutto dai giornali tedeschi e olandesi che incoronano Angela

---

[44] https://www.affaritaliani.it/politica/recovery-fund-non-tutto-rose-fiori-le-insidie-nascoste-nel-piano-ue-685870.html

Merkel come artefice della mediazione. Non va poi dimenticato che il bilancio europeo va ripianato dai componenti nazionali.

Ogni Paese dovrà presentare un piano per ricevere le risorse. Il fine del piano è sostenere l'occupazione esistente e generarne di nuova. All'Italia spettano 209 miliardi, un successo per il premier Giuseppe Conte, per la cifra superiore rispetto ai 172,7 iniziali, anche se a salire è solo la quota di prestiti (da 91 a 127 miliardi). A fondo perduto arriverebbero 82 miliardi, cifra questa sì da 'Piano Marshall'. Vedremo però se saremo in grado di utilizzarli davvero. I fondi arriveranno per il 60% tra il 2021 e il 2022 e poi negli anni successivi. Ma restano molte incognite di fondo.

È certo che crollino i piani innovativi come Just Transition Fund, destinati alla transizione verso un'economia green, che passa da 30 miliardi a 10 miliardi, il programma Horizon Europe su ricerca e sviluppo che da 10 miliardi si riduce a 5, una contrazione forte avrà anche il Just Transition Fund (Fondo agricolo per lo sviluppo rurale), sparisce il Solvency Support Instrument da 26 miliardi di euro, per salvare le imprese strategiche in difficoltà a causa della pandemia e salta anche il programma europeo per la sanità Eu4Healt, quindi chi vorrà avere aiuti sanitari suppletivi dovrà ricorrere al Mes, il fondo salva Stati, con trattato connesso. Cosa ci guadagnano Danimarca, Olanda, Austria e Svezia che più di altri Stati si erano opposti agli aiuti a fondo perduto? E qui è il dunque: uno sconto di parecchi milioni sulla contribuzione al bilancio europeo. Questi Paesi contribuiranno meno al bilancio comune[45].

Come dicevamo ogni Stato dovrà presentare un piano di utilizzo delle risorse. I piani presentati dovranno essere approvati dal Consiglio a maggioranza qualificata e, dal punto di vista economico finanziario, da un comitato di tecnici dei ministeri finanziari che valuterà lo sviluppo delle erogazioni e l'attinenza del piano. Un singolo Paese potrà chiedere di portare critiche sull'utilizzo dei fondi sul tavolo del Consiglio Europeo. E gli Stati membri a maggioranza qualificata potranno disattivare il prelievo di denaro di un Paese se questi viola determinati i principi, quelli che nelle prossime giornate andranno a definirsi. Per adesso i soldi non ci sono. L'Ue dovrà emettere dei titoli e dopo l'acquisto di questi sui mercati ricevere le risorse utili. La partita si sposta su come la Ue pensa di restituire questi 750 miliardi di obbligazioni che ha emesso sul mercato e con quali mezzi. Infatti a questo punto la capacità di alcuni Paesi di contribuire in modo meno significativo conterà. L'Ue chiederà maggiori contributi agli Stati membri e creerà, tramite vincoli e tassazioni indirette, vedi come è stato per i piani di aggiornamento della plastic tax in Italia, nuovi meccanismi di tassazione di alcuni settori portanti, come trasporti, energia, digitale, agricoltura. Chi starà nella stanza dei bottoni deciderà come questi settori si svilupperanno e quali economie nazionali privilegiare. E i Paesi che hanno ricevuto più aiuti contribuiranno di più".

Ancora più esplicito **il Sole24Ore**[46], che in un articolo di **Guido**

---

[45] I **frugali** sono stati accontentati con larghi *rebate*, i rimborsi introdotti per la prima volta su richiesta del Regno Unito ai tempi di **Margaret Thatcher** e che con la Brexit molti leader Ue avrebbero voluto cancellare. In alcuni casi sono stati raddoppiati. Alla **Danimarca** sono andati **322 milioni annui** di rimborsi (rispetto ai 222 milioni della proposta precedente), ai **Paesi Bassi 1,921 miliardi** (da 1,576 miliardi), **all'Austria 565 milioni** (da 287) e alla **Svezia 1,069 miliardi** (da 823 milioni). La vera partita si gioca qui e sul cosiddetto "super freno di emergenza".

[46] https://www.ilsole24ore.com/art/recovery-fund-e-mes-nessun-fondo-e-gratis-neanche-piano-marshall-e-stato-ADnep0Z

Gentili dal titolo *"Recovery Fund e Mes, nessun fondo è gratis. Neanche il piano Marshall lo è stato"* prospetta con molta chiarezza che non sarà pura solidarietà quella dell'Europa: *"Già in apertura degli Stati Generali voluti dal premier Giuseppe Conte, Visco aveva detto che i fondi europei, di cui tanto si discute, «non potranno mai essere gratuiti». E conclusa a villa Pamphili la fase «progettante» dell'avvenire, ecco il nuovo richiamo: i fondi europei «andranno pagati, resterà su di noi il pagamento e per questo devono essere spesi bene, in infrastrutture e progetti utili», senza «perderli in rivoli», e l'Italia «deve avere la capacità di spenderli».*

La storia passata, recente e attuale dimostra che su questi terreni l'Italia è spesso scivolata e che alle promesse e agli annunci non ha fatto seguire i fatti. Oggi, per di più, contribuisce in negativo una certa atmosfera politico-culturale, già affermatasi prima del coronavirus e poi rafforzatasi dopo la violenta crisi che ne è derivata. Quella del debito "a gratis" e senza alcuna condizione, elevata a sostegno di ogni richiesta e dietro la quale il problema è la distribuzione del reddito, non la sua creazione e allargamento e, tanto meno, l'efficacia delle misure prese.

Per certi aspetti, fatte le dovute differenze storiche e politiche e il diverso spirito di coesione sociale dimostrato allora, il tema si pose anche nel secondo Dopoguerra, ai tempi del famoso piano Marshall finanziato dagli Stati Uniti. All'Italia andarono un miliardo e mezzo di dollari, la stragrande maggioranza dei quali a titolo di sovvenzioni e una piccola quantità come prestiti. L'operazione politicamente lungimirante (spinta verso una federazione economica europea) fu decisiva per la ripresa dell'Italia. Ma non tutto filò liscio, come dimostra il Country Study, il rapporto Hoffman del 1949 dove accanto agli elogi comparivano anche diverse critiche: l'incapacità di formulare piani e direttive per assicurare la realizzazione della politica economica e nel ricostruire l'attrezzatura burocratica, la necessità di un'attrezzatura amministrativa indipendente dai principali ministeri, la necessità di uno stato maggiore professionale e tecnico con ottima preparazione, l'assenza di un organo governativo atto a tracciare una linea di condotta per lo sviluppo economico in un programma a lunga scadenza. Un anno prima, nel 1948 in un'intervista a Il Tempo, era stato l'allora vicepresidente del Consiglio e ministro del Bilancio Luigi Einaudi, in precedenza dal 1945 Governatore della Banca d'Italia, a spiegare il Piano Marshall come «una medaglia a due facce». La prima quella "dono" di prodotti per la ripresa, indispensabile per l'Italia (per circa 400 miliardi di lire al cambio di allora) e la seconda quella «dell'uso imposto al Tesoro italiano per il ricavato della vendita dei prodotti ricevuti perché gli Usa ne chiedono il pagamento». Già, ma allora che dono è? Ecco il botta e risposta testuale dell'intervista a Einaudi, per molti aspetti ancora attuale oggi.

«È sempre un dono - risponde Einaudi - Gli Stati Uniti pretendono che il Tesoro italiano, ricevendo 400 miliardi di lire di frumento, carbone, combustibili e materie prime, ne versi l'intero ammontare (...) in un "fondo-lire" presso la Banca d'Italia. Che cioè il Tesoro paghi a sé stesso cosicché l'Italia misuri interamente la portata di questo dono e possa attraverso il Parlamento e gli altri organi incaricati di deliberare in materia, decidere il migliore impiego del denaro accumulato.

- Gli Stati Uniti non mettono nessuna condizione a questo uso?

- Sì, una sola: che gli italiani facciano l'uso che reputeranno migliore di questa somma a proprio beneficio, purché non la usino per tappare i buchi del bilancio corrente dello Stato.

- È ragionevole questa condizione?

- Essa è tale che se non ci fosse gli italiani dovrebbero metterla da sé stessi. Se quella somma fosse impiegata a colmare il disavanzo ordinario del bilancio dello Stato essa incoraggerebbe la perpetuazione di tale disavanzo e nel 1952, quando il

Piano Marshall avrà termine, l'Italia si troverebbe nella stessa situazione di ora col bilancio in disavanzo e senza aver nulla ricostruito.

- Quale uso quindi l'Italia dovrà fare del denaro del fondo-lire?

- Il popolo italiano lo deciderà, ma esso dovrà necessariamente servire a opere di ricostruzione, ripristino delle ferrovie, dei porti, continuazione delle bonifiche delle strade, potenziamento e rinnovamento degli impianti industriali.

- Sorgerà forse qualche controversia intorno a tali diversi usi?

- Qualche controversia potrà nascere, ed è perfettamente naturale che nasca. In un paese libero dove i problemi d'interesse pubblico sono e debbono essere oggetto di discussione, è naturale che si possano avere opinioni diverse su un argomento. È probabile che l'amministrazione delle Ferrovie dello Stato, che il Ministero dei Lavori Pubblici, che il Ministero dell'Agricoltura cerchino di volgere a proprio beneficio, e cioè a beneficio delle ferrovie, delle strade, dei porti, delle bonifiche, la massima parte di questo dono: ed è altrettanto naturale che l'industria affermi che una cospicua parte dei fondi debba invece essere rivolta al rinnovamento degli impianti industriali e specialmente di quelli distrutti dalla guerra o superati. Il problema potrà essere risolto, come tutti questi problemi debbono risolversi, con la formazione di una graduatoria fra i diversi fini mettendo in prima linea quelli che sono considerati i più importanti e i più urgenti.

- Chi deciderà?

- Dopo la discussione, che dovrebbe essere larga e completa, nell'opinione pubblica deciderà l'unico organo competente in materia: il Parlamento italiano».

Così Luigi Einaudi, nel 1948, ai tempi dell'European Recovery Plan. Nel 2020 stiamo parlando di Recovery Fund, MES, Recovery Plan (italiano). E nessun fondo è gratis, allora come oggi".

I soldi - va detto - arriveranno ben oltre il periodo emergenziale:

non prima della primavera 2021, e visti i ritardi e le controversie politiche anche in Italia, probabilmente anche l'autunno 2021 non è una data certa, sebbene sembra che sia stata data assicurazione che alcune somme spese nel 2020 possano essere considerate come anticipazioni italiane sul futuro contributo. Il problema di cassa reale, in ogni caso, alla luce dei rinvii delle scadenze fiscali a dicembre e anche oltre, degli sconti e dei bonus concessi come visto in modo perfino troppo superficiale, se un troppo superficiale possa essere ammissibile da parte di un governo che gestisce i soldi dei suoi cittadini, potrebbe spingere l'Italia a chiedere anche il Mes (il fondo salvaStati, tecnicamente Meccanismo Europeo di Stabilità, quello che portò in Grecia la cosiddetta troika, a causa della quale l'espressione "lacrime e sangue" ha un senso molto concreto per i cugini greci, e che poi è stato richiesto da Cipro quest'anno nella sua versione light per far fronte alle spese sanitarie derivate dall'emergenza Covid19).

Vale quindi la pena capire cosa sia allo stato il **Mes**, quanto costi, quali rischi comporti. Il Mes al momento ha un capitale sottoscritto pari a 704,8 miliardi, di cui 80,5 sono stati versati; la sua capacità di prestito ammonta a 500 miliardi. L'Italia ne è la terza contributrice dopo Germania e Francia. Un fatto da sempre discusso, almeno fino all'adozione di una versione edulcorata in tempi recentissimi e destinata solo a prestiti legati alla gestione della sanità durante l'emergenza Coronavirus, è che si prevede che la somma a garanzia fornita agli Stati in difficoltà venga suddivisa e composta dalle partecipazioni di ciascun membro non in difficoltà. In poche parole, parte dei soldi concessi alla Grecia sono stati corrisposti a capitali messi a disposizione in parte dalla Germania, in parte dall'Italia, dalla Francia e così via. Ma, dato che ogni Paese riesce a garantire un proprio status di affidabilità, alla quota versata da ciascuno viene riconosciuto un interesse diverso.

Dal 1° giugno, al termine di un percorso cominciato il 9 aprile 2020 e conclusosi il 15 maggio[47], è stata varata una versione più accessibile del fondo salvaStati, dal nome **"Pandemic Crisis Support"**, e si specifica che "L'accesso concesso sarà pari al 2% del prodotto interno lordo dei rispettivi Stati membri a partire dalla fine del 2019, come parametro di riferimento". Siccome è stato valutato che tutti i Paesi appartenenti alla Ue abbiano le caratteristiche di stabilità finanziaria, solvibilità bancaria, sostenibilità del debito e rispettino i criteri di ammissibilità per accedere al Pandemic Crisis Support, ogni Stato membro è idoneo a ricevere il supporto. Di conseguenza "se tutti i 19 paesi dell'area dell'euro dovessero attingere alla linea di credito, ciò ammonterebbe a un volume complessivo di circa 240 miliardi di euro". Per l'Italia si può arrivare ad una somma che, secondo i calcoli di diversa origine, va da 35 a 37 miliardi di euro.

Piuttosto complicato il calcolo del costo del finanziamento, sia pur basso: "Il paese dovrà pagare, oltre al costo del finanziamento ESM, un margine di 10 punti base (0,1%) all'anno, una commissione di servizio iniziale una tantum di 25 punti base (0,25%) e un servizio annuale commissione di 0,5 punti base (0,005%)". Insomma, intorno all'1% o poco più. Ma esistono i dubbi sul fatto che non vi siano condizioni. "La Commissione europea ha inviato all'eurogruppo ossia

---

[47] https://www.esm.europa.eu/content/europe-response-corona-crisis

all'organo che riunisce i Ministri dell'economia dei Paesi dell'area euro, una lettera, firmata da Gentiloni e Dombrovskis, nella quale vengono precisate le peculiarità della linea di credito che riguarda specificatamente le spese sostenute per l'emergenza corona virus", si legge su **trend-online.com**[48] . Le parole incriminate contenute nella lettera citata reciterebbero: "quando la linea di credito agevolata non sarà più disponibile, ossia quando sarà ritirata, dopo la fine della crisi sanitaria, i prestiti saranno gestiti secondo l'articolo 14 del regolamento europeo 472/2013", cioè con le regole del MES ordinario.

Di diversa opinione **Tgcom24**[49], che parla di condizioni "light" e "Vigilanza rafforzata": "*Uno degli aspetti chiave su cui, a più riprese, era stata posta enfasi mentre veniva allestito questo nuovo dispositivo è la limitata condizionalità che esso implica, oltre alle condizioni vantaggiose di finanziamento. In pratica lo Stato richiedente è unicamente tenuto ad utilizzarlo per ciò per cui è concepito: le spese dirette e indirette legate alla sanità, che siano di cura o prevenzione. Una potenziale insidia è nei controlli. C'è infatti un elemento che potrebbe risultare problematico, ribadito dallo stesso direttorio del Mes, l'organismo di controllo in cui siedono tutti i ministri delle Finanze dei Paesi dell'area euro. Si tratta della "vigilanza rafforzata della Commissione europea" alla quale "saranno soggetti" i Paesi richiedenti. Un quadro in realtà ancora non ben definito, che però in Italia non ha mancato di scatenare dure polemiche. Il Mes si limita a puntualizzare che "secondo la Commissione, i requisiti di controllo e rendicontazione si focalizzeranno sull'effettivo utilizzo dei fondi per coprire costi*

---

48 https://www.trend-online.com/prp/mes-light-una-trappola/
49 https://www.tgcom24.mediaset.it/economia/mes-ok-alla-nuova-linea-di-credito-anti-coronavirus-condizioni-light-e-vigilanza-rafforzata_18325620-202002a.shtml

sanitari diretti e indiretti". In più "non ci saranno missioni ad hoc addizionali" nei Paesi richiedenti, ma unicamente "quelle standard previste dal semestre europeo". Un elemento che sembra un compromesso per evitare la Troika, ma senza lasciare che a sancire il regolare uso di questa linea Mes basti una "autocertificazione" dei Paesi".

Parla invece apertamente di "problemi" **Il Post**[50], che il 18 maggio, in un articolo dal titolo *"Perché per ora nessuno vuole usare il MES"* scrive: *"In realtà i benefici sono meno sostanziosi di quanto appaiano. Nel caso dell'Italia, uno dei paesi che sulla carta hanno più da guadagnare da un risparmio sui tassi di interesse, i 36 miliardi della linea di credito del MES sono soltanto una goccia nei circa 2 mila miliardi che formano il mare del debito italiano. Ogni mese, il ministero del Tesoro emette una cifra simile in nuovo debito, per un totale di circa 400 miliardi di euro ogni anno. Anche il risparmio sugli interessi appare ridotto. Un risparmio di 600 milioni di euro, infatti, andrebbe rapportato ai circa 70-80 miliardi di euro che lo stato spende ogni anno in spesa per interessi.*

L'obiezione dei sostenitori del MES è che in una fase di difficoltà tutte le occasioni di risparmio andrebbero colte, per quanto ridotte. Il problema, però, è che molti sono preoccupati dal fatto che il ricorso al MES possa alla fine costare più dei risparmi che produrrà.

Il problema è duplice: da un lato il ricorso a questa linea di credito, soprattutto se effettuato in solitaria da uno dei paesi più deboli dell'eurozona, rischia di attirare le attenzioni non desiderate degli investitori. Questi ultimi potrebbero chiedersi come mai il paese in questione sia l'unico a utilizzare questa linea di credito, giungere alla conclusione che i suoi conti pubblici sono meno solidi di quanto appaiano e chiedere

---

[50] https://www.ilpost.it/2020/05/18/nessuno-vuole-mes/

quindi in cambio un interesse maggiore per continuare a prestargli soldi. È l'effetto "stigma", di cui in molti hanno parlato in queste settimane. Il risparmio sugli interessi permesso dal MES verrebbe compensato (se non superato) dall'aumento dei tassi sui titoli di stato.

L'altro problema è dovuto al fatto che il debito del MES è un debito senior, cioè che andrà rimborsato in maniera prioritaria rispetto alle altre emissioni. Come hanno scritto gli economisti Massimo Bordignon e Guido Tabellini, «un prestito senior con un tasso di interesse inferiore a quello di mercato causerà un rialzo del costo di emettere debito subordinato che arriverà a scadenza nello stesso periodo». Questa ipotesi sembra confermata dall'analisi dell'andamento dei tassi di interesse sul debito pubblico di Irlanda e Portogallo, dopo che nel 2011 fecero ricorso — in tutt'altre condizioni, però — alla linea di credito del MES. In altre parole, il rischio è che per risparmiare alcune decine di milioni di euro l'anno grazie a un prestito da parte del MES di ridotte dimensioni, il costo di tutto il resto del debito aumenti a tal punto da "mangiarsi" tutti i risparmi. Per il momento, questo timore sembra essere molto diffuso tra i governi di quei paesi per cui la nuova linea di credito è stata pensata. Come ha spiegato il portoghese Ricardo Mourinho Félix, viceministro e segretario di Stato alle Finanze del Portogallo, il prestito «può essere utilizzato in situazione di necessità, ma non è questo il caso".

Il vaccino, strumento salvifico o speculazione immane?

"Così il vaccino anti-Covid è diventato un affare da 2 miliardi in un giorno", titola un articolo di **24+** (**Il Sole 24 ore**) lo scorso 20 maggio. E continua nel sommarietto: "Il 18 maggio, dopo che il gruppo Moderna ha annunciato i risultati preliminari della sperimentazione, corsa generalizzata ad emettere azioni".

Questa introduzione è particolarmente esaustiva per presentare l'argomento di cui tratteremo in questo paragrafo, che è appunto il vaccino antiCovid – di cui a gennaio inizierà la distribuzione anche in Europa da parte di **Pfizer** e **Moderna** - e quel che vi gira intorno.

Prima di proseguire leggiamo un brevissimo estratto dell'articolo citato, per aiutare il lettore a comprendere il contesto nel quale ci si muove: "*Mentre tutti sperano che possa prima o poi sconfiggere il coronavirus, il vaccino allo studio nei laboratori di mezzo mondo un risultato l'ha già ottenuto. Non in campo sanitario, ma in quello finanziario. In Borsa. Non solo ogni mezzo annuncio e ogni inizio di sperimentazione viene festeggiato sul listino con rialzi da capogiro, ma ogni notizia di questo tipo viene anche sfruttata dalle società del settore biotecnologico e farmaceutico per collocare (a prezzi rialzati) nuove azioni in Borsa*".

È un affare plurimiliardario, con Nazioni che hanno già prenotato milioni di dosi per i propri cittadini e il solito Trump (che a fine febbraio dichiarava sicuro: «Il virus è sotto controllo da noi e penso andrà via»), il quale ha provocato, come riporta l'agenzia **Dire** il giorno 16 marzo, un incidente diplomatico quando ha provato ad acquistare in esclusiva il brevetto di un vaccino contro il coronavirus. Secondo la stampa tedesca, dall'amministrazione di Donald Trump sarebbe arrivata un'offerta da un miliardo di dollari per mettere le mani su un antidoto in sperimentazione nei laboratori della CureVac, un'azienda con sede centrale nel Baden-Wurttemberg e basi a Francoforte e Boston.

Trump, per le sue bislacche dichiarazioni sui tempi di disponibilità del vaccino, per la cronaca, ha guadagnato prima delle elezioni, per fortuna perse aggiungiamo noi, un blocco temporaneo del suo account su Twitter per diffusione di fake news, avendolo annunciato pronto e distribuito per l'autunno.

Ma Trump non è stato il solo a fare simili annunci: uno similare lo ha fatto il novello zar della Russia **Vladimir Putin**, che, vita permettendo, con la modifica costituzionale appena approvata, come noto, resterà in sella fino al 2036.

L'Agi *il 17 luglio conferma lo sprint statunitense per il vaccino: "Il ministro della Salute Usa, Alex Azar, ha detto che il governo sta comprimendo al massimo i tempi per arrivare a decine di milioni di dosi di vaccino contro il coronavirus "efficaci e sicuri" entro l'autunno e a centinaia di milioni di dosi dall'inizio del 2021"*, ma nello stesso articolo inserisce una valutazione plausibile, tenendo presente che il vaccino contro la varicella ha richiesto 28 anni, per quello contro il coronavirus: tra sviluppo, produzione e iter regolatorio, sono previsti tra 18 e 24 mesi.

L'articolo citato riporta ancora una panoramica sullo stato della ricerca al momento della pubblicazione: in Cina *"SinoPharm (che ha iniziato a giugno la fase 3 della sperimentazione, quella finale, su due vaccini) ha parlato di 30 volontari che si sono fatti avanti in azienda "per contribuire a costruire la spada della vittoria", compreso il presidente del gruppo ed altri manager. E le società del Paese del Dragone si starebbero muovendo anche oltre confine, come la Sinovac Biotech in Brasile. C'è poi la longa manus del Cremlino. I governi di Stati Uniti, Gran Bretagna e Canada hanno denunciato il tentativo di un gruppo di hacker associati all'intelligence di Mosca (Apt29) di rubare segreti sul vaccino. La Russia è il terzo Stato più colpito dalla pandemia dopo Usa e Brasile e secondo Reuters potrebbe avere entro l'estate un vaccino contro il coronavirus, con 30 milioni di dosi per uso domestico e 170 milioni di dosi per l'estero.*

Morgan Stanley stima che il vaccino potrebbe garantire a chi lo scopre fino a 30 miliardi di entrate all'anno nella prima fase di immunizzazione della popolazione mondiale. Per non parlare della possibilità di far ripartire l'economia a pieno ritmo, possibilmente prima dei competitor su scala globale. Per questo Trump sta inondando anche di soldi pubblici le società al lavoro sul vaccino. Moderna ha avuto dal governo americano finanziamenti per 483 milioni di dollari mentre la rivale Novavax ha strappato la cifra record di 1,6 miliardi, tale da far schizzare i titoli del gruppo del 30%.

La piccola biotech del Maryland, con 33 anni di storia e nessun vaccino all'attivo, ha ricevuto iniezioni di fondi anche dalla fondazione di Bill & Melinda Gates e dalla no profit 'Coalition for Epidemic Preparedness Innovationi'. "Il mercato vuole credere alle favole", osserva con scetticismo sul New York Times l'analista esperto di industria farmaceutica David Maris. A suo dire, agli investitori piace credere che Novavax sia come Cenerentola che non poteva andare al ballo e poi ha sposato il principe. Complessivamente, Trump ha promesso di investire 4 miliardi di dollari in 6 progetti per il vaccino, con un occhio al destino della sua presidenza e ai rapporti di forza tra gli Stati sovrani".

L'11 agosto la notizia bomba: la Russia lancia lo **Sputnik 5**! Naturalmente non si tratta di un'impresa spaziale che non troverebbe spazio qui, ma del "famigerato" vaccino contro il Covid19. A dare l'annuncio, immediatamente rilanciato dalle agenzie di stampa di tutto il mondo, lo stesso Vladimir Putin, che per dare più forza alla notizia aggiunge che è stato inoculato anche ad una delle sue figlie che, dopo qualche ora di febbre sia alla prima che alla seconda dose, è stata subito in buone condizioni di salute. L'edizione de **Il Giornale** del 12 agosto scrive *"Putin ha inoltre aggiunto di essere a conoscenza del fatto che "il vaccino funziona in modo abbastanza efficace", che garantisce "un'immunità stabile" e che "ha superato tutti i controlli necessari"*.

Lo Zar ha inoltre rivelato che una delle sue figlie ha preso parte alla sperimentazione, ottenendo risultati più che soddisfacenti: "Dopo la prima vaccinazione aveva la temperatura di 38 gradi, il giorno dopo scesa a 37". Il ministro della Salute russo, **Mikhail Murashko**, ha sottolineato come il vaccino sia stato in grado di stimolare in tutti i volontari un elevato numero di anticorpi. Nessuno avrebbe avuto serie complicazioni.

Putin ha quindi detto di auspicare che la produzione di massa dell'antidoto contro il coronavirus, appena registrato dalla Russia, possa iniziare il più presto possibile. "Spero che saremo in grado di avviare la produzione di massa di questo farmaco nel prossimo futuro, il che sarebbe molto importante", ha dichiarato il presidente.

Il ministro Murashko, ha spiegato che il vaccino sarà prodotto in due sedi: nell'istituto di ricerca pubblico Gamaleya e di Binnopharm. Sarà somministrato prima a medici e insegnanti. Murashko ha quindi assicurato che alcuni Paesi stranieri hanno già mostrato interesse ad acquistarlo.

"Prima di tutto, riteniamo necessario offrire la vaccinazione sia a coloro che lavorano con persone infette, ossia i medici, sia ai lavoratori e alle persone dalle quali dipende la salute dei bambini, ossia gli insegnanti", ha spiegato il ministro, assicurando che, "allo stesso tempo, inizierà la circolazione graduale del vaccino tra la popolazione civile". Si parla di gennaio 2021".

La Stampa, sempre il 12 agosto, scrive in proposito: *"c'è chi solleva qualche dubbio sul nuovo vaccino. Naturalmente tutti sperano che sia efficace come ha assicurato Putin, annunciando che anche una delle sue figlie si è vaccinata.*

Ma il punto è che il nuovo vaccino è stato registrato dopo meno di due mesi di sperimentazione sull'uomo e la terza e ultima fase dei test clinici, che normalmente dura mesi e coinvolge migliaia di persone, non è ancora terminata. Il sospetto insomma è che, pur di battere tutti, Putin abbia accorciato troppo i tempi e questo ha suscitato perplessità tra gli scienziati. Per di più non ci sono ancora risultati pubblicati e verificati a livello internazionale sui test del vaccino sviluppato dall'Istituto Gamaleya di Mosca".

I dubbi degli scienziati (anche russi!) riportati tra l'altro da La Stampa trovano conferma anche in quanto si legge in **Start Magazine**[51], che si rifà a una indagine della CNN e in un passaggio

---

[51] https://www.startmag.it/mondo/perche-cnn-spegne-i-bollenti-spiriti-di-trump-sul-vaccino-di-moderna/

dell'articolo pubblicato qualche ora prima dell'annuncio di Putin, a supporto dell'avventatezza delle dichiarazioni del presidente Donald Trump, che per queste – come abbiamo ricordato in questo paragrafo – si era "guadagnato" un blocco del suo account Twitter, aveva scritto: *"La CNN ha ottenuto i dati sui primi test della fase 3 della sperimentazione clinica fatti da Moderna, la prima società ad averla avviata negli Usa. Iniziata il 27 luglio, la sperimentazione ha coinvolto fino ad ora 4,536 persone: un numero ben lontano dunque dalle 30 mila previste per il completamento della fase sperimentale, alla quale la CNN pensa Moderna possa arrivare per settembre. Quand'anche però il ritmo di arruolamento dei volontari da parte di Moderna si intensificasse in questi ultimi giorni, e il numero magico di 30 mila si avvicinasse, vi sarebbe un altro problema.*

La sperimentazione del vaccino implica una doppia inoculazione dello stesso a distanza di ventotto giorni l'uno dall'altro. Questo significa che per i volontari arruolati a settembre sarà impossibile ottenere i dati entro la fine del mese, per non parlare del fatto che per verificare l'efficacia di un vaccino ci vogliono almeno quattordici giorni.

È per questo motivo che il vaccinologo del Children's Hospital of Philadelphia Paul Offit e il suo collega del Baylor College of Medicine Peter Hotez sono convinti che i risultati del lo studio di Moderna saranno resi noti solo nel primo quadrimestre del 2021".

Non passano che pochi giorni, però, e nelle torride giornate a cavallo del Ferragosto arriva il secondo annuncio: l'azienda **CanSino** annuncia la registrazione in Cina del suo vaccino, che, a differenza di quello russo, è alla terza fase di sperimentazione e ha pubblicato i dati relativi alle prime due fasi su riviste ufficiali, come The Lancet[52], rendendoli disponibili.

La terza fase, secondo le notizie riportate, è in corso sia in Cina, dove è stato inoculato su tutti i soldati dell'Armata Rossa a partire dal 25 giugno, che in Canada, Russia, Brasile, Cile e Arabia Saudita.

Per i cattivi rapporti Cina-USA non vi è stata sperimentazione anche in quella Nazione. Si teme – se questo vaccino dovesse superare con successo anche la terza fase di sperimentazione, l'effetto nazionalismo. In passato la CanSino mise a punto anche un vaccino contro l'Ebola mai fatto uscire dai confini cinesi.

---

52 https://www.thelancet.com/journals/lancet/article/PIIS0140-6736(20)31605-6/fulltext

Comunicazioni e internet:
verso un nuovo rilancio?

Mai come durante la prima fase della pandemia, che ancora prepotentemente condiziona la nostra vita, il mondo della comunicazione, con la rete internet al primo posto, ha da un lato mostrato la sua importanza nel contesto sociale e lavorativo dei nostri anni, dall'altro ha messo in luce le pecche della rete di comunicazione italiana, della cui situazione abbiamo parlato nel terzo capitolo di questo lavoro.

Non bisogna essere esperti del settore per poter profetizzare che ove l'Italia, approfittando anche delle risorse economiche che proverranno anche dalla Comunità europea, sulle quali abbiamo espresso le nostre perplessità nel primo paragrafo di questa sezione, non metta seriamente mano all'ampliamento della sua rete internet innanzitutto, assicurandosi di poter realizzare almeno gli obiettivi che si era prefissa con il piano nazionale del 2015 (almeno 30Mbps per tutti e almeno il 30% della popolazione con 100 o più Mbps di velocità disponibile), c'è poco da progettare per un futuro che del digitale non può più fare a meno.

Didattica a distanza, stabilizzazione definitiva dell'istituto del telelavoro dove applicabile, ma anche il normale funzionamento di uffici pubblici e privati che sempre più spesso hanno i loro gestionali e le loro banche dati in cloud, per fare esempi immediati, resteranno al funzionamento discontinuo di oggi.

Il "Mi spiace, ma oggi non c'è linea", oppure "Scusi, la linea è lenta, ci vuole un po' di pazienza", saranno sempre le imbarazzanti risposte che i cittadini si sentiranno porgere agli sportelli. Così come quella digitalizzazione dei servizi pubblici, che ha anche effetti favorevoli sull'ambiente (meno carta inutilmente consumata, meno toner da smaltire, per fare due esempi immediati), la più efficace ed immediata comunicazione tra gli uffici, e decine di servizi pubblici e privati, commerciali e non, che fanno affidamento sulle linee di comunicazione internet, arrancheranno ancora. Durante il periodo di lockdown sono state le uniche risorse a disposizione per avere l'illusione di normalità, sia pur trasferita in un altro contesto.

Dal sito del Ministero dello sviluppo economico[53] si rileva una situazione a fine 2019 che - secondo i dati pubblicati - vanta il 66,6% del territorio coperto da una rete che garantisce "almeno" i 30Mbps e il 20,3% con la disponibilità dei fatidici 100Mbps, ma la situazione nel dettaglio della Campania, che prendiamo ad esempio essendo quella di nostro maggiore interesse, mostra ben poche aree già in esercizio per la fibra, mentre la stragrande maggioranza del territorio è suddivisa fra fase progettuale, fase esecutiva dei lavori e attesa di collaudi. Il quadro del piano wireless, invece, è decisamente sconfortante. Insomma, possiamo parlare tranquillamente di risultato fallimentare rispetto al piano 2015 che quest'anno avrebbe dovuto essere completato.

La situazione è in parte lenita da investimenti privati, ma come abbiamo avuto modo di evidenziare questo non è bastato ad assicurare la regolarità dei servizi nel periodo in cui se ne è avuto maggior bisogno.

A rendere più cupo il quadro le risultanze della versione 2020 della indagine **Digital Quality of Life Index**, un report stilato da **SurfShark**, azienda che si occupa di VPN (reti private virtuali), prendendo in considerazione i parametri degli 85 Paesi più avanzati al mondo. In questa edizione l'Italia si è posizionata al numero 20 della classifica, non agli ultimi posti dunque, ma anche ben lontani da qualsiasi top 5 o anche top 10.

Per stilare la classifica gli esperti di Surfshark hanno considerato i

---

[53] https://bandaultralarga.italia.it/

seguenti aspetti della vita digitale: **sostenibilità economica dei servizi** Internet (essenzialmente quanto costano e quanto in fretta si può chiudere un contratto per una connessione domestica e una mobile); **qualità dei servizi Internet** (velocità e stabilità dei servizi mobili e domestici); **infrastrutture** (numero di cittadini connessi per 100 abitanti e livello di avanzamento nell'agenda digitale); **sicurezza elettronica** (data dalle misure messe in atto dal paese per contrastare attacchi informatici e dalle sue leggi a tutela della privacy del cittadino); **livello di informatizzazione dello stato** (servizi disponibili al cittadino online e gestione degli stessi via Intelligenza Artificiale).

L'anno scorso l'indagine, basata su parametri diversi, ci vide al 9° posto, ma nel 2020 nell'Unione Europea Danimarca, Svezia, Francia, Norvegia, Olanda, Regno Unito, Polonia, Estonia, Finlandia, Austria, Svizzera e Spagna ci precedono tutte.

Conclusioni

Azzardare ipotesi sul come rilanciare l'Italia dopo la vera fine della pandemia, al momento ancora in corso con numeri preoccupanti, può sembrare pretenzioso, ma in realtà lo è solo fino a un certo punto. Investire su salute, liquidità per imprese, occupazione, efficienza dei settori amministrativo/giudiziario, crescita sostenibile, transizione verde, trasformazione digitale sono obiettivi già in qualche modo imposti dalla Ue per poter accedere sia ai 127 miliardi di prestiti che agli 80 (che tali non sono, come abbiamo visto) di somme a fondo perduto.

Molti dei punti citati sono strettamente interconnessi tra loro, e per arrivare a soluzioni di sicuro bisogna rientrare dagli errori del passato: quelli che per esempio hanno visto chiudere interi plessi ospedalieri presi dal demone del risparmio, che in realtà è stato solo apparente.

Già negli ultimi anni le chiusure indiscriminate e le riduzioni di letti disponibili hanno visto la sanità pubblica scendere pericolosamente sia nel livello che nella capacità di far fronte alle emergenze. Né quella privata è stata capace di sopperire, presa (come probabilmente non è sbagliato) dalla smania di introitare somme sempre maggiori.

Vien da fare due esempi banalissimi, attinti dal mondo delle municipalità, prima interfaccia tra cittadini e Stato: non è che se non si rompono condutture si licenzia l'idraulico, né se per un periodo nascono meno bambini o ci si sposa di meno si chiude l'ufficio dello Stato Civile.

Lo Stato, a partire dalle privatizzazioni in periodo Iri, ha delegato e rinunciato a molti settori strategici. Quelli che in periodi di emergenza sanitaria, ad esempio, diventano fondamentali per garantire servizi, assistenza, capacità di comunicare tra cittadini e istituzioni. Per questo un serio piano di rilancio, come "suggerito" dalla Ue, non può non conferire una accelerata drastica alla velocità di completamento dei lavori della messa in opera della rete in fibra ottica e di quella wireless in Italia.

Allo stesso modo va abbandonata l'assurda crociata contro i pubblici dipendenti, perché negli anni tra blocchi del turn over ed altri ostacoli posti sul percorso del ricambio generazionale ci si è ridotti con un'età media dei dipendenti nella PA ben superiore ai 50 anni e con organici che in tanti casi sono inferiori anche del 60% a quelli degli anni '80.

E di quale possibilità di migliorare i settori amministrativo e giudiziario vogliamo parlare con persone in massima parte nate in epoca in cui la macchina da scrivere elettrica era una cosa che al massimo si sognava? Poi non ci si può lamentare se la Giustizia si blocca perché i cancellieri non riescono a smaltire gli effetti della - a dire il vero enorme - litigiosità degli italiani per quanto riguarda il civile, e del congruo contributo degli immigrati dall'estero, comunitari e non, per quanto attiene il penale.

In questo settore specifico aumentare concretamente la materia soggetta a mediazione obbligatoria preventiva potrebbe essere un tampone per dare il tempo allo Stato di riorganizzare le fila.

Lo stesso discorso della Sanità e del Pubblico Impiego è valido anche per la scuola: riduciamo le classi, accorpiamo istituti, dismettiamo qui e là, per poi impattare violentemente in un'emergenza sanitaria in cui classi-pollaio, corpo docente ormai troppo adulto, ed eccessivi oneri amministrativi su una figura che prevalentemente non ha (e per la sua storia culturale non può avere) una formazione manageriale nel senso che la legge attualmente richiede diventano un problema serio, tanto da mettere a rischio la riapertura del nuovo anno scolastico al di là dei più rosei proclami, certo fatti in buona fede. In ordine alla transizione verde, che un Paese come l'Italia, per la sua conformazione orografica, non sia già da tempo un leader mondiale nell'utilizzo, nella produzione e nella vendita dell'energia rinnovabile non merita commenti. Qui, probabilmente, per favorire gli interessi di poche migliaia di persone, se ne condannano milioni a morire di inquinamento.

Ancora, e mi avvicino alla fine, liquidità per le imprese, anche questo uno dei "suggerimenti forzati" della Ue, ha un senso vero e reale, che non andrebbe certo a configurarsi come "l'aiuto di Stato" che alla Comunità Europea proprio non piace.

Se libera imprenditoria deve essere, deve funzionare con le risorse e le capacità degli imprenditori, e non con piogge di danaro a fondo perduto che spesso quando usate onestamente si riversano in progetti fallimentari per la scarsa esperienza dei finanziati; quando invece sono usate in modo disonesto diventano anche strade per sovvenzionare la malavita organizzata. Liquidità per le imprese, allora, deve significare poter soccorrere, a condizioni di mercato più che agevolate, l'imprenditore in un momento di difficoltà seria. Ma il finanziamento –

e Recovery Fund e Mes ne sono buon esempio – deve essere restituito con condizioni chiare ed ineludibili.

Se tutto questo potesse avere un riscontro nella realtà, il balzo in alto concreto dell'occupazione derivante ci permetterebbe di non lasciare ai giovani di oggi macerie e debiti ma le basi per un futuro sicuramente meno problematico di quello che si paventa con i debiti che l'Italia si appresta a fare, con ogni probabilità infruttuosamente.

Probabilmente avremmo solo da invocare la presenza dell'ultimo ingrediente: lo stesso spirito che animò gli italiani nel dopoguerra. Un senso di appartenenza che consentì di costruire i 755 chilometri di rete autostradale da Milano a Napoli in soli 8 anni (1956-1964), con la consegna che avvenne con 3 mesi di anticipo e senza nessun aumento di spesa sui 272 miliardi di lire di allora che erano stati preventivati quale costo. Una favola rispetto ai 40 anni impiegati per la Salerno-Reggio Calabria!

Indice

*Non posso non ringraziare per il sostegno,
durante la realizzazione di questo lavoro,
di mia moglie, Maria Barbagallo.
Donna paziente, ha saputo sopportare
orari impossibili per mesi*